中華史

易中天

奠基者

商務印書館

本書由杭州果麥文化傳媒有限公司授權本公司在香港澳門地區出版發行

中華史第三卷
奠基者

作　　者：易中天
學術顧問：陳　勤
責任編輯：徐昕宇
封面設計：張　毅
出　　版：商務印書館（香港）有限公司
香港筲箕灣耀興道 3 號東滙廣場 8 樓
http://www.commercialpress.com.hk
發　　行：香港聯合書刊物流有限公司
香港新界大埔汀麗路 36 號中華商務印刷大廈 3 字樓
印　　刷：美雅印刷製本有限公司
九龍觀塘榮業街 6 號海濱工業大廈 4 樓 A
版　　次：2013 年 7 月第 1 版第 1 次印刷

ISBN 978 962 07 4486 0
Printed in Hong Kong

天，高高在上，默默無聞，但明察秋毫，洞悉一切。

他眼瞅着中華文明的底色，連同我們民族的歷史和文化心理，都被周人刷新。

目錄

武王砍下了紂王的腦袋，
不等於拔掉了殷商的根子。
生於憂患又偷天換日的周人，
必須證明革命的合理性和政權的合法性。

第一章

生於憂患

勝利者的驚悚

據説，殷紂王是自焚而死的。據説而已，並無證據。[1]

沒人知道他當時怎麼想，也沒人解釋周武王為甚麼能在一片火海和焦土中找到紂王的屍身，並把他的腦袋割下來。這就正如沒人知道埃及女王克婁帕特拉在跟屋大維打得不分上下時，為甚麼會突然撤出自己的艦隊，拋下情郎安東尼，匆匆忙忙回到王宮自殺。歷史都是由勝利者書寫的。失敗者就像水裏的魚，即便流淚也沒人在意，更不會留下痕跡。

我們只知道，周武王甚至來不及脱下戰袍，就藉用商人的宗廟向皇天上帝和列祖列宗秉告勝利，並宣佈接手政權，以"中國"自居了。[2]

當然，真正的"開國大典"，還必須以更盛大更隆重的祭祀儀式在周的京城舉行。那時，他們將在天帝的身邊看見早已去世的先祖文王，看見他老人家的在天之靈正以欣慰的眼光，慈愛地看着自己表現出色的子孫。

然而周公卻是心頭一緊。[3]

周公是文王的兒子，武王的弟弟，成王的叔叔，也是周文化和周制度最重要的創始人之一。在這樣的儀式上，他誠惶誠恐是可能的，心存敬畏是可能的，莊嚴肅穆更是可能的，怎麼會驚悚呢，莫非看見了甚麼？

正是。他看見戰敗的殷商貴族，看着往日的那些人上人，正排着隊伍畢恭畢敬地魚貫而入。

一股悲涼之情，在周公心底油然而生。

也許還有酸楚。

是啊！想當年，殷商的祭祀何等氣派而奢華。上百頭的牛羊，數不清的酒具，琳瑯滿目的珠寶，還有獻祭的活人。作為附庸小國的周，不也得派出代表助祭，規行矩步地行禮如儀，甚至眼睜睜地看着他們大開殺戒嗎？然而現在，這些衣冠楚楚儀表堂堂的殷商貴族，卻只能充當助理，拜祭周人的祖先。

天，真是說變就變！

據周公後來自己說，那一刻，他想了很多。他想，商的祖先，不也光榮偉大嗎？商的子孫，不也萬萬千千嗎？然而天命一旦改變，他們就成了這副德行。那麼，我們周的子孫，會不會也有一天穿着別人的禮服，戴着別人的禮帽，跟在別人的後面，祭祀別人的祖宗？

完全可能。

周公清楚地記得，武王伐紂，出兵是在正月（子月），勝利是在二月（丑月），實際只用了三十多天。這實在太快了！如果他知道，後來全副現代化武裝的美英聯軍，推翻薩達姆政權尚且用了五十六天，恐怕真會倒吸一口冷氣。

高聳的樓台，為甚麼説倒就倒？銅鑄的江山，為甚麼不堪一擊？歷史的悲劇，會不會再次重演？新生的政權，能不能長治久安？

周公憂心忡忡。

沒錯，皇天上帝的心思，誰也猜不透。他鍾愛過夏，眷顧過商，現在又看好周，這可真是"天命無常"。看來，沒有哪個民族是"天生的上帝選民"，也沒有哪個君主是"鐵定的天之驕子"。一切都會變化，唯一不變的是"變"。

這就萬萬不可粗心大意，必須以殷商的滅亡為教訓，謙虛謹慎，戒驕戒躁，居安思危。顯然，在突如其來的勝利面前，周人沒有驕傲得像得勝的公牛，反倒如同站在了薄冰之上，深淵之前，小心翼翼，戰戰兢兢。

這是一種憂患意識。

是的，憂患。事後，周公在他創作的讚美詩《文王》中，曾這樣告誡自己的族人和同盟——

殷的貴冑來到了周京，

天的心思可真沒有一定。

請把殷商當作明鏡，

想想怎樣保住天命，

保住萬邦的信任。[4]

周人，為甚麼這樣理智冷靜？

也許，因為他們是農業民族。

涇渭之間

按照周人自己的說法，他們的始祖叫“棄”。棄，是一個實在的人名，還是部族的族名？不清楚。但周人說他是一個人，母親叫“姜嫄”。姜嫄因為踩到一個巨大的腳印，便懷孕生下了棄。據説，棄在堯舜的時代，擔任過聯盟的農業部長，叫“后稷”。“后”即領導，稷為穀子，后稷的意思，就是“主管農業”。為甚麼堯讓棄主管農業呢？因為最早種穀子和麥子的人是他，被人們尊為農神。

棄，是三四千年前的“袁隆平”。

這當然是傳説。但要説周族重農，則不成問題。周的甲骨文和金文字形，就是一塊農田。事實上，夏商周能夠輪流坐莊，先後成為先進文化的代表，是因為有先進的生產力撐腰。他們的優勢，夏是水利技術，商是青銅技術，周是農業技術。周，是一個農業民族。

◎甲骨文的"周"（新 1269）

◎金文的"周"（德方鼎，王在成周）

然而到夏文明衰落時，周人卻放棄農業，把自己變成了遊牧民族，"奔於戎狄之間"，直到公劉的時代才重歸農業。公劉是人名，準確地說叫"劉"，公則是頭銜，相當於王或侯。他應該是周人靠得住的始祖。號稱"公劉"，則可能是這時周人已經建立了部落國家。

公劉之後若干代，是公亶父（亶讀如膽）。公亶父的名字是亶父，公也是頭銜。[5] 他後來被追認為"太王"。亶父有三個兒子，老大太伯和老二虞仲據說是吳國的始祖。老三季曆接班，被稱為公季或王季。

季曆的兒子就是周文王，文王的兒子則是武王。周族的世系，大約如下 ——

歷史地位	姓名	稱號	關係
傳説的始祖	棄	后稷	姜嫄之子
創建部落國家者	劉	公	傳為棄之後
遷至周原建立周國者	亶父	公，太王	傳為公劉之後
發展壯大周國者	季曆	公季，王季	亶父三子
準備推翻殷商者	姬昌	文王	王季長子
實施推翻殷商者	姬發	武王	文王次子

當然，所謂公劉的時代重歸農業，也可能是周人的粉飾之詞。實際情況，是之前他們文化落後，不被看作“諸夏”，而被看作“戎狄”。但不管怎麼説，到公亶父（亶讀如膽）時，他們遷到了岐山之下的周原（今陝西省岐山縣），族名也開始叫“周”。

周原可是個好地方。

説起來周原也是“美索不達米亞”，即“兩河之間”。這兩條河，就是“涇渭分明”的涇水和渭水。這裏土地肥沃，水草肥美，據説就連野菜都是甜的，貓頭鷹叫起來都像唱歌。[6] 移民到這裏的周族，開荒種地，也放牧牛羊。《詩・小雅・無羊》這樣唱道——

誰説你沒有羊？

三百隻喜洋洋。

誰説你沒有牛？

七尺長九十頭。
你的羊來了，
角和角擠在一起；
你的牛來了，
大耳朵搖來搖去。[7]

其實，早在公亶父之前三四百年的公劉時期，周已儼然農業大族。公劉是帶着族民遷徙過的，但那顯然是為了開拓進取。所以，他只帶走了部分族民，還有一部分留在原地。留在原地的做了安頓，打算遷徙的準備充分。《詩‧大雅‧公劉》這樣唱道——

不安於現狀，
不安於小康。
劃清田界，
裝滿穀倉。
備足乾糧，
背起行囊。
干戈斧鉞，
全副武裝。
我們這才奔向遠方。[8]

呵呵，他們是不會貿然行事的。

這是典型的農業民族風格。

是的，農業生產週期長，勞作苦，收穫又沒保證。不違農時是必須的，精耕細作是必須的，費心費力也是肯定的。然而秋收時節的一場暴雨或冰雹，便前功盡棄，顆粒無收。這就憂患，就理性，就必須精打細算，未雨綢繆，不可能像商業民族那樣“豪賭”：既敢一擲千金，又能一本萬利。

因此，一直在內陸腹地春耕夏耘的周族，不會像來自渤海岸邊又把生意做到世界各地的商族，披着海風，帶着貝殼，靠着青銅器和甲骨文，沉醉於科學、技術、預言和政治化巫術，把自己的文明演繹得浪漫而神奇，詭異而絢爛。

商與周，就像涇水和渭水。

這兩種文明的風格差異，甚至表現於他們對待神祇和祖宗的方式 —— 商人請神喝酒，周人請神吃飯。考古發現證明，商的禮器多為酒器，周則多為食器。不難想像，周人的祭祀儀式要莊嚴肅穆得多。他們會嚴格按照禮制的規定，擺放好煮肉的鼎和盛飯的簋（讀如鬼），在鐘鳴聲中默默與神共食，決不會像商人那樣觥籌交錯，燈紅酒綠，紙醉金迷，最後變成步履蹣跚的裸體舞會。[9]

哈！商人是“酒鬼”，周人是“食客”。

尼采説過，希臘藝術有兩種精神 ——“酒神精神”和“日神精神”。酒神精神又叫狄俄尼索斯精神，即感性精神。日神精神又叫阿波羅精神，即理性精神。感性和理性的統一，是希臘文明的秘密所在。

如果藉用這個說法來看待中華史，那麼，商就是我們的“狄俄尼索斯”，周則是我們的“阿波羅”。所以，商靈性，周理性；商浪漫，周嚴謹；商重巫官，周重史官；商重鬼神，周重人文。只不過西周以後，周文化成了“主旋律”，商傳統則變成“亞文化”，只能在南方地區和少數民族那裏若隱若現。

商文化的退居二線，幾乎是必然的。因為中華文明的底色，連同我的民族的歷史和文化心理，都將被周人刷新。

農村包圍城市

周人開始打商的主意，大約是在他們遷到岐下的時候。

這是周人自己說的。他們的讚美詩《魯頌・閟宮》(閟讀如必），就說“后稷之孫，實維大王；居岐之陽，實始翦商。”大王就是太王，即公亶父，也有學者認為是文王之父王季。總之，按照這個說法，周人似乎剛從部落變成部落國家，就秏子腰裏別了杆槍，起了打貓的心思。

但考古學的發現和史學家的研究都證明，周的政治力量、經濟力量和軍事力量，其實跟商相距甚遠，他們靠甚麼成功？

謀劃和經營。

第一步是“籠絡友邦”。友邦包括“諸羌”和“諸夏”，代表分別是羌族的“姜”，夏族的“召”(讀如紹)。周是以夏族自居的。他們與召族都姓姬，與姜族則是婚姻關係。棄的母親，就是羌族女子“姜嫄”。以後，姬姜世代通婚。亶父之妻是“太姜”，武王之妻是“邑姜”。西周天子，每隔一代就有一位姜姓的王后。姬周與姜，親如一家。

何況羌族跟商是死敵。卜辭中經常提到，商人俘虜羌人，用來做獻祭的犧牲品。所以周初三公，就是周公、召公和姜的太公。太公望是“太師”，周公旦是“太傅”，召公奭(讀如是)是“太保”。

他們也都是“炎黃子孫”，因為炎帝姓姜，黃帝姓姬。

第二步是“經營南國”，包括周族和召族向南發展為“周南”和“召南”，也包括在江漢平原建立據點。還有東南吳國，開國君主是文王的兩個伯父。他們跑到吳，據説是為了讓位給文王的父親。現在看來，説不定倒是亶父派出去的，目的是要抄殷商的後路。

周人的佈局，穩紮穩打，步步為營。

羽翼豐滿的周人開始實施第三步，這就是“大挖牆腳”。文王號稱“西伯”，成為商西霸主後不久，就毫不客氣地滅了商的若干附庸國，比如密(甘肅靈台)、黎(山西上黨)、邘(河南沁陽)、崇(陝西西安)。滅崇以後，他們還把那地方變成了自己的前線指揮部，叫“豐邑”。

這就幾乎到了商的大門口，而且南、北、西三面，都是周的勢力範圍或者同盟軍，正所謂“三分天下有其二”。當然，這三分之二的天下，主要是農村。作為農業民族，也作為後起之秀，周人只能在商王鞭長莫及的農村做文章。物質財富、人力資源和精鋭部隊，仍然集中在城市，在商王的手裏。

農村包圍城市，能成功嗎？難講。

周人不能不憂患。也就在這時，他們完成了《周易》一書。古人説它是文王的作品，這當然既無法證實，也無法證偽。但説《周易》產生於殷周之際，作《易》者“其有憂患”，是不錯的。因為《周易》的核心思想就是“變”，主要內容則是六十四卦的演變。那麼，你怎麼知道老天爺變不變卦？

然而歷史常常會有驚人之筆，事情的發展和變化也比人想像的快。就在周人從西、北、南三面包抄殷商時，東邊的夷族也揭竿而起。東夷動手比西周早，殷紂王當然要先對付他們。結果，殷商雖然獲勝，卻實力大損元氣大傷。戰敗的夷人也心存怨恨。因為按照慣例，他們被俘後不是變成奴隸“做牛做馬”，便是變成祭壇上的“人肉包子”。

周武王的機會到了。

武王信心滿滿。在多國部隊的誓師大會上，他把握十足地對聯軍將士説：別看“受”（殷紂王）有億兆夷人，沒有一個跟他同心同德！

事實證明，正是如此。

我們不知道武王出兵前，有沒有讀他父王的遺著。如果他讀了《易》，也許會在“乾卦”下面看見這樣一句——“飛龍在天，利見大人”。[10]

是時候了，幹吧！

新政權面臨危機

勝利還是來得太快。

突如其來的勝利讓周人措手不及。好在他們頭腦清醒，很快就認清了形勢，找到了對策。

且看天下大勢。

當時的天下，大約有相當多的族群。商，就是由他們組成的鬆散聯盟。商王國是其盟主和核心，成員國則有的死心塌地；有的口是心非；有的離心離德；有的圖謀不軌，更有一些並不加盟的散兵遊勇在外觀望，並蠢蠢欲動。現在周人把盟主幹掉，蒜頭就變成了蒜瓣，不難想像天下會是甚麼樣子。

何況這些族群也五花八門。中原地區是"諸夏"，西部地區是“諸羌”，東有“東夷”，北有“北狄”，南方則有“百濮”和“群蠻”。其中有部落國家，也有部落和氏族，對待商和周的態度也不一樣。有的親商，有的親周，有的搖擺，有的獨立。只有一點相同：沒有一個是省油的燈。

更何況，即便是周的同盟國，也有一個“按勞取酬，坐地分贓”的問題。

但當務之急還是對付殷商。

事實上，所謂“武王伐紂成功”，只是端掉了殷商的“總指揮部”。戰敗的商人除一部分退到遼東半島和朝鮮半島外，大部分殘餘勢力仍然散佈中原，盤踞淮岱，隨時準備捲土重來。

這就不可不防，周人的辦法則是分而治之。武王先是為殷商遺民建立了一個傀儡政權，君主是殷紂王的兒子武庚。然後把商的國土分為三塊，分別派自己的兄弟管叔、蔡叔和霍叔各率一支部隊進行監視，號稱“三監”。

如此雙管齊下，應該靠得住了吧？

然而恐怕就連武王也沒有想到，他一死，傀儡武庚和東方的部落國家一個個全都反了。而且挑頭的，居然就是派出去監視殷人的那三支部隊。

這在歷史上，就叫“管蔡之亂”。

新生的西周政權，面臨巨大壓力和嚴重危機。

當然，叛亂最終被周公、召公和太公之子聯手平息。武庚和管叔被殺，蔡叔和霍叔被流放，參加叛亂的殷商貴族則被稱為“頑民”或“殷頑”。周公又連哄帶騙把他們弄到洛陽，住進新城“成周”，進行集中管理和思想改造，並在成周西邊三十里建“王城”，作為西周的東都。這才算是“寶塔鎮河妖”。

憂患是有道理的。

更可貴的是理性和冷靜。無論是武王伐紂，還是周公平叛，勝利了的周人都沒把殷商貴族當戰俘。既沒給他們戴上鐐銬關進地牢做奴隸，也沒把他們當亡國奴。武庚被殺後，周人又把殷的舊都商丘封給了紂王的庶兄微子啟，國號叫宋，待遇是最高一級的公爵。那些不願意臣服於周的，則任其遠走他鄉。其中有一部分，據說跨過白令海峽到達美洲，成為印第安人的先祖。

為殷頑築建的成周，也不是德國納粹的集中營。住在那裏的殷商貴族，仍然保留自己的領地和臣屬。被賦予監視殷頑任務的衛侯康叔，則被告誡要延續商的法律，重用商的賢人，尊重商的傳統，包括以寬容的態度對待其飲食習慣。比如周人群飲，就殺無赦；商人酗酒，則網開一面。

西周統治者，難道是觀音菩薩？

當然不是，他們這一套，不過“懷柔政策”，甚至“別有用心”。比如放任商人酗酒，就有“任其吸毒”之嫌。但在周公後代的魯國，殷商遺民可以有自己的祭壇，叫“亳社”（亳讀如博）。亳社與周社是並尊的，周人對亳社也一直恭敬有加，這難道還不算開明？

不是“天性仁慈”，也未必“用心險惡”，周人為甚麼會這樣？

憂患。

天命與授權

憂患伴隨了周公一生。他曾經對兒子說，我身為文王之子，武王之弟，現任周王之叔，地位不低吧？但我"一沐三捉髮，一飯三吐哺"，洗頭吃飯都常常中斷，不能盡興。為甚麼？我是時時警惕，不敢怠慢呀！

奇怪！叛亂不是平息了嗎？他還憂慮甚麼？

人心不服。

事實上，正是武庚和三監的反叛給周公敲響了警鐘。他很清楚，新政權不可能建立在一夜之間，單憑武力也難以服眾，哪怕再加懷柔政策。是啊，周作為"蕞爾小邦"，憑甚麼說當老大就當老大？再說了，周以遠遜殷商之國力，居然"一戰而勝"。這樣的勝利，保得住嗎？這樣的政權，靠得住嗎？

難講。

其實不要說別人，周人自己恐怕也嘀咕。這就需要解釋，需要說明，需要論證，需要從思想上和理論上回答和解決兩個重要問題。

哪兩個問題？

革命的合理性，政權的合法性。

這是不能不想，也不能不答的。要知道，這事直到戰國和秦漢，也仍然有人質疑。齊宣王就問過孟子，儒道兩家也在漢宣帝時辯論過。以今度古，在西周政權未穩之時，豈能不議論紛紛？作為當事人，周公他們又豈能置之不理？

周人坦然作答。[11]

但，從周公到召穆公以及後人，說來說去，主題卻只有一個——

天命。

甚麼是"天命"？不是"運氣"，而是"授權"。所謂"天命玄鳥，降而生商"，就是說皇天上帝派玄鳥為天使，賦予商人以歷史使命。

由此獲得的"權利"，叫"居中國"；由此獲得的"權力"，則叫"治天下"。居中國是"代表權"，可以代表華夏文明；治天下是"統治權"，可以治理華夏民族。可見，"治天下”的前提是“居中國”。用西周青銅器“何尊”的銘文來表述，就叫“宅茲中國”。這也是周人要在洛陽再建新都的原因之一。

居中國，為甚麼是前提呢？

這就牽涉到我們民族對世界的看法。古人認為，我們的世界是由天和地組成的。天在上，地在下；天是圓的，地是方的。高高在上的天就像穹廬，籠罩四野。所以，全世界就叫“普天之下”，簡稱“天下”。圓溜溜的天扣在正方形的地上，多出的四個地方是海，東西南北各一個，叫“四海”。天下，就在這“四海之內”，簡稱“海內”。四四方方的“地”劃兩條對角線，交叉點就是“天下之中”。在那裏建設的城市和政權，就叫“中國”。

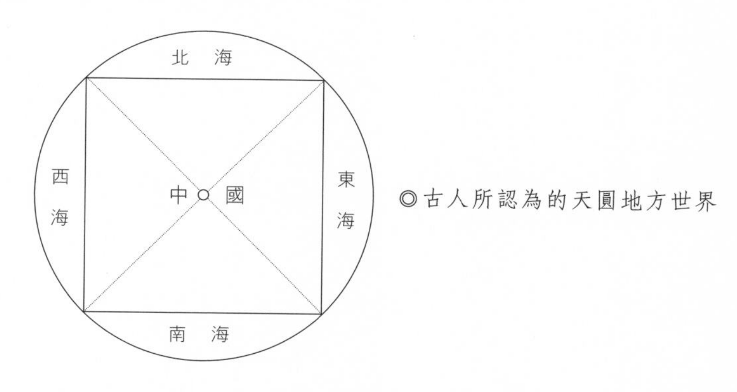

◎古人所認為的天圓地方世界

天下之中的“中國”，對應着天上之中的“中天”，因此是正宗、正統、正規。夏商周（包括後世）都要“居中國”，爭奪的就是“正”。正，意味着聯盟的老大或王朝的君主已得“天心”，是當之無愧的“天之驕子”，簡稱“天子”。

但這與地理位置其實關係不大，否則不可能遷都。偏安一隅當然不行，適當移動則未嘗不可，關鍵在於獲得天的授權。授權就是“天命”，得到授權則叫“奉天承運”。相反，如果皇天上帝收回成命，不讓某人或某族再當天子，就叫“革除天命”，簡稱“革命”。商湯滅夏桀，就是“商革夏命”；周武滅殷紂，則叫“周革殷命”。因此，武王伐紂，是合理的；西周政權，是合法的。

受天命則居中國，居中國則治天下，有問題嗎？

有。

偷天換日

不可否認，周人這套理論，確實邏輯嚴密、條理清晰、簡單明了，因此説起來振振有詞，聽起來頭頭是道。但要質疑，也不難。

質疑幾乎是必然的。

是的，就算“革命有理，天命無常”，改朝換代也理所當然，但為甚麼是你們周人來革呢？所謂“周雖舊邦，其命維新”，難道也算理由？難道其他部落國家“其命皆舊”？再説了，商人畢竟是有玄鳥來授權的，周有嗎？沒有。他們的始祖棄，是因為老祖母姜嫄踩到一個巨大的腳印，懷孕生下來的。那麼，這個巨人是誰？是古希臘神話中的泰坦族嗎？還是遠古時代的姚明？恐怕只有天知道。這就比“天命玄鳥，降而生商”差遠了，而且弄不好只能證明他是私生子。

顯然，只說皇天上帝改了主意是不夠的，說文王就在上帝旁邊也是沒人信的。[12] 你必須證明世界非變不可，而且確實換對了人。

這個要求非常合理。

事實上，周人最終證明了自己，但這需要時間和過程。包括前面說的那一整套理論，都既不是周公一人提出，也不可能在短時間內完成。唯一可以肯定的是，在建國之初，他們需要一個既能安身立命又能左右逢源的方案。因為周人既要延續殷商代表的“中國傳統”，又要與之“劃清界限”。

延續傳統的辦法是“居中國”，劃清界限就只能考慮“受天命”。那麼，同樣是獲得神聖授權的“合法政權”，周與商有甚麼不同？

商王是“神之子”，周王是“天之子”。

的確，商和周都講“天”，但態度不同。周人對天是崇敬和感激的，《周易》的人生觀就是“天行健，君子以自強不息。”商人對天則是仇恨和揶揄的。他們甚至有一種儀式或遊戲，就是用皮口袋盛血，高高掛起再一箭射穿，叫“射天”。傳說中的“刑天”，說不定就是被商人殘害的天神。[13]

商和周也都有“上帝”，但含義不同。商人的上帝，似乎就是他們的祖宗帝嚳。他們對“帝”的理解，也只是取其

“締造者”的本義。只不過，因為祖宗已經賓天，所以是“上帝”，即“天上的帝”。現任商王則是“下帝”，即“人間的帝”。這樣的上帝當然偏心眼，只保佑商人，甚至只保佑商王。殷商成為“頑劣的兒童”，最後眾叛親離，這恐怕是原因之一。

周人的上帝則是自然界，即籠罩四野的天。天，高高在上，默默無言，但明察秋毫，洞悉一切。誰好誰壞，天都看得一清二楚，這才有天命和革命，授權和收權。更重要的是，天是“萬民之神”，公正無私，不偏不倚，天下人都是天的子民。“天”來為人民選擇君主，不是比“帝”選得好嗎？

答案幾乎是肯定的。

那好，周天子就是“萬民之神”選出的“萬民之主”。他豈止有資格“居中國”，簡直就該做“世界王”。

這可真是“偷天換日”！

是的，偷來天下共有的“天”，替換殷商專享的“日”。

沒人知道這是周人的“老謀深算”，還是他們的“靈機一動”，也許既有謀劃又有靈感吧！畢竟，憂心忡忡的他們“少年老成”，是“早熟的兒童”。只不過這樣一來，從國家制度、社會制度到文化制度，也都要革故鼎新。

新制度取代舊制度，新文化取代舊文化，勢在必行。[14]

跟隨太陽神鳥從東方進入中原的殷商民族，當然想不到這一天。就連來自西方的周人也不會想到，他們跟着舊世界的太陽走，卻走出了一片新世界。

這一回，太陽真的要從西邊出來了。

殷商靠神權，周就以人為本；
殷商靠刑罰，周就以德治國。
周公制禮作樂，敲響了中華文明的定音鼓。

第二章

定音鼓

西邊的太陽升起來

太陽從西邊升起，並不稀奇。周之前，炎帝就是從西邊來的，而且是"太陽神"。周之後，秦人也從西邊來，而且做"始皇帝"。從周到唐，"中國"一直在西邊，"太陽"也都是由西往東移。這才有西周、東周，西漢、東漢，西晉、東晉。但無一例外，西在前，東在後。

唐以後，則是南北移動。宋雖然定都開封，卻有四個京府：東京開封府、西京河南府（洛陽）、南京應天府（商丘）、北京大名府。南宋則有陪都杭州臨安府，可見"中國"也可以南移。直到元明清，才"坐北朝南"，不再移動。朱元璋的定都南京，只算小插曲。

顯然，這裏說的"中國"完全不是地理概念，而是政治概念和文化概念，並且主要是文化概念。因為只有延續中華文化的政權，才有資格自居“中國”，不管在西邊還是東邊，南方還是北方。如果是外族入主，則一要“天下一統”，二要“變夷為夏”，否則是沒人認賬的。

這種觀念，是周的文化遺產。

的確，中華文明的底色和基調，是周人奠定的。周以前，從三皇五帝到夏，都是摸索；商，則是我們民族少年時代的頑皮和撒野。周以後就成熟了，也變得沉穩。國家制度，辛亥前只變了一次，時間在戰國到秦漢。社會制度和文化制度，則從西周一直延續到明清，這就是“以小農經濟為基礎的宗法制度”和“以綱常倫理為核心的禮樂制度”。正是它們，決定了中華民族的精神氣質。

周，是中華文明的“定音鼓”。

周人，是中華文明的奠基者。

然而在世界範圍內，周制度和周文化卻又是一個特例。

美索不達米亞就不說了，亂。印度和希臘也不說了。武王伐紂前，達羅毗荼人創造的“印度河文明”，米諾斯人創造的“克里特文明”，阿卡亞人創造的“邁錫尼文明”，都已經先後隕落。此刻，印度是雅利安人的“吠陀時代”，希臘是多利亞人的“荷馬時代”，都相當於中國的“堯舜時代”。

可比的是埃及。

埃及簡直就是另一個殷商。國王都是"神的兒子"，而且那神還都是鳥，只不過埃及的是鷹（荷魯斯），殷商是燕子（玄鳥）。然而埃及神權政治的年頭，卻比殷商長得多。從他們建立"第一王朝"，到淪為波斯帝國的行省，有兩千五六百年。當然，其間多有改朝換代，甚至還有利比亞人和埃塞俄比亞人的王朝。王朝的最高保護神也換屆，荷魯斯、拉、阿蒙、阿吞（阿頓），輪流坐莊，但都是太陽神，也不能沒有太陽神。

實際上，君權神授是君主制的通例。比如巴比倫國王漢謨拉比，就自稱"天神的後裔"；阿卡德國王，則乾脆稱自己就是神。歐洲中世紀的封建君主，也要教皇加冕。唯獨周人說是"天授"，豈非出格？

天授與神授，有區別嗎？

有。

神授是宗教性的，天授是倫理性的。

事實上，周人的"天"，不是超自然超世俗的存在，比如基督教的上帝；更不是人格神，比如埃及的荷魯斯或殷商的帝嚳。它就是自然界，同時又是"偉大的人"，是人的父母，而且是天下人、全人類的。惟其如此，它才會對人類社會表現出"人文關懷"。

如此的與眾不同，難道不是"太陽從西邊出來"？

西邊升起的太陽驚人地持久。君權神授的埃及，被其他民族滅掉了；君權神授的觀念，在歐洲被顛覆了。唯獨中國的"君權天授"，在民主潮流席捲全球之前三千年延綿不絕。後邊所有的天子，都自稱"奉天承運"。沒人對此表示懷疑，也沒人認為可以不要皇帝。唯一可討論的，是那皇帝獲得天命的可靠性。

真命天子，似乎是大家都需要和可接受的。

這裏面難道沒有玄機？

不能重蹈覆轍

君權天授，是憂患的產物。

想當年，有一個問題一定困擾過武王和周公：勝利為甚麼來得這麼快？《尚書》的說法是"前徒倒戈"，也就是殷紂王派出去的禦敵部隊到了前線，就掉轉槍頭反過來攻打他自己。勝利當然快。

不過這事有人質疑，因為"前徒倒戈"的後面還有一句"血流漂杵"。杵（讀如楚）就是棒槌。紂的部隊既然已經反戈一擊，戰爭就不可能發生，怎麼會血流成河，以至於棒槌都能漂起來？所以孟子說"盡信《書》則不如無《書》"。

那麼，"前徒倒戈"和"血流漂杵"，哪個可信？

都可信。因為以雙方實力之比較，武王伐紂多少有點自不量力。只是由於姜太公堅持，才決定賭一把。如果沒有殷商將士的陣前起義，全勝根本就不可能。後來的一舉成功，不過順水推舟。因此，局部地區的“血流漂杵”完全可能。事實上，不會所有的部隊都起義，“殷頑”總還是有的。

這就要問：殷紂王的禦敵部隊，為甚麼“前徒倒戈”？

當然是殷商“不得人心”。

殷商為甚麼不得人心？

因為“不把人當人”。

是這樣嗎？

是。證據，就是“人殉”和“人牲”。

甚麼叫“人殉”？就是活人殉葬，用人作陪葬品。甚麼叫“人牲”？就是活人獻祭，用人作犧牲品。陪葬品，原始時代就有，但多為器物。犧牲品，原始時代也有，但都是動物，比如馬、牛、羊、豬、狗、雞。這些動物，養着的時候叫“畜”，要殺的時候叫“牲”，合起來叫“畜牲”。用於祭祀，毛純的叫“犧”，體全的叫“牲”，合起來叫“犧牲”。祭祀用“人牲”，就是把人當動物；陪葬用“人殉”，則是把人當器物，都是典型的“不把人當人”。

世界上，還有這等慘無人道、駭人聽聞的事？

有。比如美洲的瑪雅、特奧蒂瓦坎和阿茲特克，便全都盛行活人獻祭。方式，是先由四個身強力壯的祭司把人摔昏，然後取出跳動的心臟獻在神前。阿茲特克最隆重的祭祀，大約需要兩萬顆這樣的心臟。因此公元 1487 年，祭司們整整花了四天四夜的時間，才完成慶祝神廟落成的典禮。

殷商的人祭，也這樣嗎？

也許吧！因為這些美洲人很可能是漂洋過海的殷商遺民。活人獻祭的儀式，沒準就是他們從中國帶去的。至少，殷商的人殉和人牲，既有文獻記載，又有考古發現，鐵證如山，不容置疑。

這當然不得人心。

何況殷商的祭祀極其頻繁，何況送上祭壇不僅有奴隸和平民，還有貴族。因為貴族"價錢更高"，一個頂一萬個。當然，殺得多的還是奴隸，比如被俘的夷人。事實上，由於殷紂王的嫡系部隊遠在東方戰區，臨時拼湊起來對付周武王的，就是這些從來不被當作人看的戰俘。他們幹活時做"牛馬"，祭祀時做"畜牲"，現在又拿他們當"炮灰"，不倒戈才怪！

血的教訓啊！

顯然，新生的政權要想長治久安，就必須反其道而行之。殷商垮台的原因既然是"不把人當人"，勝利了的周就必須"把人當人"。

一種早熟的新思想和新概念萌芽了。

這就是"以人為本"。

以人為本

以人為本，是周制度和周文化的思想背景。

周人獲得中華文明的代表權後，就廢除了慘無人道的人殉和人牲。當然，人牲基本廢除，人殉則清代還有。這就像廢除死刑，要有一個漫長的認識過程。但是周以後，人牲也好，人殉也罷，都不再具有殷商時代的正當性，只會遭到主流社會和正人君子的抵制批評。

有兩件事可以證明。

公元前 641 年，宋襄公與曹、邾兩國會盟，要殺鄫國國君祭祀社神，司馬子魚就強烈反對。子魚說：用大牲口進行小祭祀尚且不可，哪裏還敢用人？祭祀就像請客吃飯，哪個敢吃人肉？如此倒行逆施，會有好下場嗎？[1]

遺憾的是，子魚的反對沒有成功，那個倒霉的子爵還是被殺。但齊國的陳子亢（讀如剛）反對人殉，則大獲全勝。陳子亢的哥哥陳子車死後，嫂子和管家提出要用活人殉葬，理由是老先生死在國外，生病時沒能得到足夠的照顧。陳子亢便說，這是不合禮法的。再說最該照顧我哥的，不就是二位嗎？結果不難想像，陳子車的老婆和管家都不再堅持人殉。[2]

陳子亢是孔子的“粉絲”，而孔子不但反對人殉，就連用俑都反對。俑就是殉葬用的土偶和木偶。對於這類東西，孔子深惡痛絕。他甚至説“始作俑者，其無後乎”，意思是第一個發明俑的人，大概會斷子絕孫吧！[3]

奇怪！發明土偶和木偶，原本是為了代替活人。跟活人殉葬相比，應該説是進步，孔子為甚麼還要詛咒？

因為孔子從根本上反對人殉。

在孔子看來，人殉不仁，人殉非禮。因此，用活人不行，用死人也不行；用真人不行，用假人也不行。俑是人的替身。用俑殉葬，等於承認人殉的合理性和合法性，只不過“以假亂真”，是活人殉葬的“山寨版”。開了這個口子，活人殉葬就仍有復辟的可能，豈能不堅決抵制？

顯然，這是一種原始素樸的人道主義。正是它，後來發展為“仁”的概念。因為“仁”的本義就是“人其人”，也就是“把人當人”。

但，這跟“君權天授”又有甚麼關係？

天人合一。

作為明確的概念和系統的理論，“天人合一”的觀念產生於西漢，但萌芽早就有了。甲骨文和金文的“天”，原本就是“人”。字形，是一個正面而立大寫的“人”，頭上一個圓圈，或圓點，或橫線。所以，天，原本指人的腦袋，也就是“天靈蓋”，後來才引申為“蒼天”，再後來才引申為“老天爺”。

◎甲骨文的“天”
（甲三六九〇義與大同天邑商）

◎甲骨文的“天”
（編號乙六八五七）

◎甲骨文的“天”
（存下九四〇地名）

◎金文的“天”
（盂鼎）

天，就是人。

更重要的是，天的授權（天命）是看人心的，叫“天視自我民視，天聽自我民聽”。武王在伐紂的誓師大會上說：天是“萬物父母”，人是“萬物之靈”，所以天意就是民意。老百姓擁護誰，天就授權給誰；老百姓憎恨誰，天就革他的命。殷紂王“自絕於天，結怨於民”，他死定了！

武王當真說過這話嗎？

可疑。

這套說辭，十有八九是後人編出來的。但編造者也是周人，因此仍然可以看作周的思想。而且，類似的說法在周人的著作中頻頻出現，總不能說一點依據都沒有。更何況，就算是編的，也編得好！因為按照“天視自我民視，天聽自我民聽”的邏輯，“君權天授”已經被偷換為“君權民授”了。

這是“偉大的謊言”。但問題也接踵而來。是啊，就算政權來自天與民的雙重授權，天也好，民也罷，為甚麼要授權給周呢？周人的說法，是他們的君王有德。

以德治國

周王有德嗎？據説有。

在兩周的文化人筆下，他們的先君和先王都是道德楷模，寬厚仁慈，勤政愛民，禮賢下士。比方説，每年春耕，周君都要在田間地頭舉行“饁禮”（饁讀如葉），表示親自送飯給農夫。諸如此類的説法不勝枚舉，依據恐怕也是有的，周的史官和詩人畢竟不是納粹德國的宣傳部長戈培爾。何況即便是做秀，也比商王的鞭子好。

結果天下歸心，“大國畏其力，小國懷其德。”[4] 這話其實很實在。沒有“力”，光有“德”，是得不到天下的。周人的聰明，就在他們兩手都用，而且用得智慧。對大國，他們示威，大國就不敢作對；對小國，他們示柔，小國就甘願附庸。這樣一來，可不就“三分天下有其二”？

顯然，周人不但有“力”，而且有“智”。只不過後來做總結，就只剩下“德”。[5]

德，成為上天授權的標準。

後面的結論也順理成章。周人既然“以德得天下”，那就必須“以德治天下”。否則就會跟殷商一樣，自取滅亡。

這是周人幾乎要天天講、月月講、年年講的道理。周公一再對子弟和同仁們說：我們是“小邦”，根本就沒資格“居中國”，也不敢“革殷命”。現在天地翻覆，完全由於皇天上帝“改厥元子”，不認商王認周王。為甚麼呢？就因為紂王失德，文王和武王有德呀！這跟當年夏桀失德，商湯革命，是一樣的呀！

這個道理，直到西周晚期還在講。陝西岐山出土的青銅器“毛公鼎”銘文，就說皇天對文王和武王的美德大為滿意，這才讓我“有周”來匹配上天。難怪周公說，我們的選擇只有一個，那就是延續文王的美德，才有可能保住天命。[6]

◎張叔平題拓本毛公鼎銘文

諸如此類的話，周公對召公奭説，也對康叔封説。康叔封，就是武王和周公的同母弟弟姬封，排行老九。管蔡之亂後，周公把武庚的人民一分為二，組建成兩個新的國家。其中一個給了紂王庶兄微子啟，國號叫“宋”，公國；另一個則給了康叔封，國號叫“衛”，侯國。衛和宋，其實就是殷和商，是古代殷商二字的音變。[7] 可見康叔封的任務，就是要把殷人改造成周人。

康叔封任重道遠。

於是周公發表《康誥》，語重心長地對康叔封説：唉，我親愛的弟弟，年輕的封啊！你要小心翼翼，你要謙虛謹慎，你要戒驕戒躁呀！天命是無常的，天威是可怕的，人民群眾的眼睛也是雪亮的。他們天天都在看着你，看你能不能遵循父王的傳統，弘揚父王的美譽，繼承父王的遺志。那些小人是很難搞的。你得把別人的病痛，當作自己的病痛才行啊！[8]

顯然，周公、召公、康叔，都並非天生的“道德楷模”。他們的“德”，其實是逼出來的。只不過，他們沒有被“逼上梁山”，而是被“逼上聖壇”。

哈哈，這就對了！

實際上，道德與其説是一種品質，不如説是一種智慧。説白了，它只是在“通過損人來利己”和“通過利人來利己”

之間，做了明智的選擇，是“聰明的自私”。但這種聰明，對自己、對別人、對社會都有利，這才成為人類共識。周人的獨到之處，則只是在新政權誕生之際，把它變成了治國理念和施政綱領。

又一種早熟的新思想和新概念也萌芽了。

這就是“以德治國”。

從邏輯上講，這是順理成章的。是啊，既然“君權天授”，當然要“以德配天”；既然“以人為本”，當然要“敬天保民”。但這在世界上，卻是獨一無二聞所未聞。世界各文明古國，有宗教治國的，有法律治國的，更有兼用宗教和法律的，還有只靠個人魅力的。以德治國？沒聽說過。

德，真能治國嗎？如果能，怎麼治？

看得見的力量

以德治國，也許來自周人的“靈感”。

沒錯，“德”這個字，殷商就有了，是甲骨文，見於卜辭。它的字形，是路口或路上一隻眼睛。意思也有兩個。一個是“視線很直”，所以“德”通“直”，也讀“直”。另一個是“看見了甚麼”，所以“德”通“得”，也讀“得”。在卜辭中，它還被借用來表示“失”。[9] 有得就有失，有治就有亂。在古文字中，得失治亂，都可以是同一個字。

◎甲骨文的“德”（粹八六四）
羅振玉先生指出，卜辭中的“德”，都可以借用為“失”，可見其本義是“得”。

很好！文化密碼，就在於此。

的確，德，首先是“得失”。周公他們要考慮的，也首先是“得失”，是天命的得到和失去。而且，由於“來之不易”；由於“轉瞬即逝”；由於“天命無常”；由於“天不可信”，他們必須“有德”。

這就首先要“有心”。

於是，西周青銅器上的“德”，就在眼睛下面加了“心”，意思是“心中所見”，是內心世界的得失和曲直，即“心得”。這就已經非常接近今天所謂“道德”，儘管在周人那裏，道是道，德是德。但德字如作他用（比如人名），則仍是甲骨文字形，有路，有目，無心，德鼎和德方鼎就是。

有沒有“心”，很重要。

◎金文的“德”（何尊）
這是目前為止發現的最早表示道德之德的“德”字。“中國”二字的最早文字記載，也在這件青銅器上。

◎金文的“德”（德鼎）
這裏的“德”，因為是人名，字形仍與甲骨文同，無“心”。

目前發現的“有心之德”，最早的是在“何尊”，[10] 原文是“恭德裕天”。這是成王時期的禮器，記載了周公營建“成周”（洛陽）的史實。其中還有“宅茲中國”四個字，是“中國”一詞目前發現的最早文字記載。這件出土文物雄辯地證明，周人在平息了武庚和三監的叛亂，有資格“居中國而治天下”時，“以德治國”的觀念就萌芽了。

◎何尊及銘文拓印
拓本右起第七列前四字即“宅茲中國”。

顯然，以德治國，就是周人的政治思想。這個直到今天還在影響我們民族的觀念，是周文化和周制度的核心，也是他們的“一大發明”。

不過麻煩也接踵而來。

沒錯，“得失之得”或“曲直之直”加上“心”，就成了“道德之德”。但道德既然在“心裏”，怎麼治國呢？

唯一的辦法，是把無形之德變成有形之物，讓它“看得見”，也“行得通”。

周人解決了這個問題。

看得見的是“聖人”。聖，甲骨文和金文都有，字形中最醒目的符號是大耳朵。所以，聖、聲、聽，在上古是同一個字，都從耳。聖的本義也是“聽覺敏鋭”，後來變成“一聽就懂”，再後來變成“無所不通”，最後變成“德高望重”。這就到春秋戰國了。子貢就説老天爺要讓孔子成為聖人，孟子則説聖人是“人倫之至”。從此，被尊為聖人的，唐堯、虞舜、夏禹、商湯、周文、周武、周公、孔子，無不是“道德高標”。

◎甲骨文的“聖”（乙六五三三）

◎金文的“聖”（尹姞鼎）

這，就是中國獨有的“聖人崇拜”。

聖人崇拜成為風尚，雖然是由於後世儒家的鼓吹，但那意思周初就有了。是啊，改朝換代要有依據，以德治國要有榜樣，而榜樣的力量據説是無窮的。文王和武王，豈能不“乃聖乃神，乃武乃文”？就連“革除夏命”的商湯，也得是。

榜樣，是“看得見的力量”。

但，禹湯文武，只是統治者的榜樣；後來的孔子，也只是讀書人的楷模。教化大眾的“平民聖人”還沒出現，雖然他遲早會被打造出來。在此之前，實施以德治國，就主要得靠“行得通的手段”。

那麼，它又是甚麼呢？

禮樂。

重新安裝系統

禮樂並非周的發明，殷商就有，夏也有。而且，商人之禮是奢侈的，商人之樂也是華麗的，甚至特別重視音樂之美。湯王的讚美詩《那》這樣唱道——

偉大啊繁多，
敲起手鼓。
鼓聲隆隆啊，
樂我先祖。
清亮的管樂，
齊整的步武。
鏗鏘有力的鐘磬，

神采飛揚的萬舞。[12]

呵呵，他們沒準有“唱詩班”。

既然如此，為甚麼還說“周公制禮作樂”？

因為周公讓夏商也有的禮樂“脱胎換骨”。他先拷貝其數據，再格式化其硬盤，然後按照自己的需要重新安裝系統，結果便變成了全新的東西。

那麼，周的禮樂，跟殷商的又有甚麼不同？

商是儀（儀式），周是制（制度）。

甚麼是“禮”？甚麼是“樂”？按照甲骨文和金文的字形，禮就是禮器，樂就是樂器。所以，禮樂就是祭禮和樂舞。這當然不錯，也不能沒有。但在周公看來，禮和樂，又不能僅僅只是祭禮和樂舞，更應該是一種鞏固政權、穩定社會、維持秩序和安定人心的工具。

◎甲骨文的“禮”（甲 3629）

◎金文的“禮”（何尊）

王國維、郭沫若都認為“象二玉在器之形”，因此“禮”最早是指禮器。

◎甲骨文的“樂”(續 3•28•5)

◎金文的“樂”(邵鐘)

許慎認為“象鼓鞞”(架子鼓),羅振玉認為是“琴瑟之象”,總之是樂器。

具體地說,禮的作用是維持秩序,樂的作用是安定人心。人心安定,秩序就能維持;秩序井然,社會就會穩定;社會穩定,政權就能鞏固。這是一個環環相扣的完整系統工程。

禮和樂,為甚麼能起到這樣的作用?因為禮要表現為“儀”,儀要表現為“序”。比方說,在請神吃飯的祭祀儀式上,接受致敬和禮拜的天神地祇、列祖列宗,誰坐“主席”,誰算“列席”,要有一個“序列”;參加祭祀的人,誰是“主祭”,誰算“助祭”,也要有一個“序列”。這樣才能“行禮如儀”。

顯然,禮的本質就是序,秩序。

處理人神關係的秩序,當然也可以用來處理人際關係。這就是周公的“禮”。它的意義,不再僅僅只是“敬神祭祖”,更在於“身份認同”。說得再明白一點,就是每個人有每個人的身份地位,比如君臣父子,夫妻兄弟;也都有自己的權利和義務，比如君仁臣忠，父慈子孝。只要明確這一點，各自安分守己，就不會動亂。因此，它必須被確定為制度，即“禮制”；必須被應用於政治，即“禮治”；必須成為普遍進行的教育，即“禮教”。

但這裏面有問題。

實際上，按照這種制度，除了天子“至尊”，其他人都“鐵定的卑”，頂多有“相對的尊”。這是無法讓人心理平衡的，是啊！人人生而平等，憑甚麼有的尊，有的卑？

對此，周公他們自有一套説辭。可惜這些説辭未必讓人心服，更未必能讓人心悦，因此必須用“樂”來調和。樂，是“音樂”，也是“快樂”。音樂是“樂音的運動形式”，而樂音的特點就是“差異”。不同的樂音，音高、音長、音強、音色，都不同。但組合在一起，很好聽。好聽是因為和諧，和諧是因為“多樣統一”。禮和樂的共同特點，就是既講“多樣”，又講“統一”。有禮有樂，禮興樂和，就能構建“和諧社會”。

這就是周公的“制禮作樂”。

也只有按照這個系統建設的，才是所謂“中華禮樂文明”。

如此複雜的系統工程，當然一言難盡，但線索是清晰的 —— 因為“君權天授”，所以要“以人為本”；因為以人為本，所以要“以德治國”；因為以德治國，所以要“以禮維持秩序，以樂保證和諧”。

天授是旗幟，人本是綱領，德治是“一個中心”，禮樂是“兩個基本點”。

從這樣一整套思想體系出發，周人創立了四大制度——井田、封建、宗法、禮樂。井田是經濟制度，封建是政治制度，宗法是社會制度，禮樂是文化制度。井田“顧民生”，封建“從民意”，宗法“敦民俗”，禮樂“安民心”。至此，周文化和周制度的系統軟件，全部安裝完畢。

那就讓我們一一道來。

當各路諸侯接受了周天子的分封時，
穩定的封建秩序和廣泛的統一戰線便都建立起來了。
一箭三雕，這是一種智慧。

第三章

西周大封建

山雨已來

周公從東方戰區回來了。

他很疲憊。勝利了的周公憂心忡忡，滿臉倦容，一肚子心思。迎接他的，也不是鮮花，而是挑戰。

局勢確實嚴重。

周公清楚地記得，三年前，叛亂的武庚、三叔和東夷何等地囂張，反對的力量又何等地強大。那些周族內部的反對派，居然罔顧占卜的神示，公開跳出來大唱反調，企圖阻止平叛和東征。自己的親兄弟管叔和蔡叔則在京城散佈謠言，說周公"將不利於孺子（成王）"。這可真是內外交困。

幸虧後來召公站在了自己一邊，成王也消除了猜疑，還親臨前線勞軍。否則，周公真會成為別人盤子裏的"三明治"。

戰爭也進行得十分慘烈，甚至導致了當地大批象群的遷徙。因為東征部隊必須逢山開路，遇水搭橋，才能深入不毛，其艱難困苦可想而知。在班師回朝的路上，將士們這樣唱道——

用壞了我們的手斧，
累壞了我們的工兵。
周公率師東征，
叛亂得以掃平。
我們這些苦命的人啊，
但願從此得到安寧。[1]

周公，能給天下帶來和平嗎？

能，但先要反思。周公一定想過：敵對勢力為甚麼那樣強大？破壞分子為甚麼那樣繁多？新世界為甚麼這樣不素淨？新政權又為甚麼這樣不安寧？

説到底，還是人心不服。

不服也不奇怪。“小邦周”要取代“大邑商”，原本就不是一場戰爭能夠搞掂的。何況“百足之蟲，死而不殭”，延續了六百年之久的殷商並不是“紙老虎”，殘餘力量的伺機反撲和妄圖復辟勢在必然，沒有才不正常。

奇怪的是東夷。

所謂“東夷”，就是生活在今天遼寧、河北、山東和江蘇北部沿海地區的氏族、部落和部落國家。他們跟“西羌”一樣，原本也是被殷商欺壓的。因為受欺壓，東夷屢屢反抗。武王伐紂前，他們還跟商人血戰，周人才得以乘虛而入。這樣看，他們應該像西羌的姜族一樣，與姬周同心同德才是。至少，也可以像牧野之戰時那樣袖手旁觀，為甚麼要摻和到叛亂裏來呢？

管叔、蔡叔、霍叔的反目就更不可思議，他們可是親兄弟、自家人。

原因是多方面的。

比如東夷的反抗，原因就很複雜。東夷也叫“鳥夷”。這就與殷商相類，也相通。他們跟殷商一樣，都是東方的民族，也都以鳥為圖騰，文化上是相通的。因此，東夷與殷商，只有利害衝突，沒有文化衝突。與姬周，則則不但有利害衝突，還可能有文化衝突。

再說他們也“不服周”。是啊，憑甚麼滅商的是你們姬周，不是我們東夷？因此，他們很可能會像後來秦滅六國時的楚人，一肚子的不服氣。何況周革殷命，他們也沒得到好處。現在殷頑叛亂，周人內亂，豈不正好漁翁得利？

利益，是關鍵的關鍵。

事實上，反對周公的三股力量，都未嘗沒有利益的驅動。殷人，是要奪回失去的江山；東夷，是要趁機撈他一把；管叔，則是不滿周公的大權獨攬。按照“兄終弟及”的殷商傳統，攝政稱王的應該是他。是的，武王姬發是老二，周公姬旦是老四，而管叔姬鮮是老三。周公攝政，憑甚麼？

其實，武庚、三叔和東夷只是“出頭的椽子”。不動聲色心裏嘀咕的，恐怕不在少數。看熱鬧、看笑話、看風向，蛇一樣蟄伏着，窺測時機準備出手的，恐怕也不在少數。對付這些人，唱道德高調是沒有用的，一味地武力鎮壓也不是辦法。在這“山雨已來”之時，需要的是政治智慧。

周公，有這個智慧嗎？

有。他只用一個辦法，就解決了所有的問題，而且創造了新的制度。

這個辦法，就是分封諸侯。

一箭三雕

分封諸侯，首先是為了對付殷商的殘餘勢力。

分封包括分和封。分的是殷商地盤，封的是自家兄弟。這當然首先是為了對付殷商殘餘勢力。這些傢伙，人還在，心不死，大開殺戒又不行。屠殺是最愚蠢的，既不符合"以人為本"的原則，也只會激起更多的"民變"和"叛亂"。可行的辦法是分化瓦解，讓他們成不了氣候，也抱不成團。試想一下，一架飛機如果大卸八塊，發動機、駕駛艙、起落架、機翼和尾翼都放在不同地方，它還飛得起來嗎？

周公正是這樣做的。

殷商的"發動機"被放到了洛陽，也就是"成周"。從殷都朝歌（今河南淇縣）遷徙到這裏的，主要是殷商的王族和為王室服務的士人。由於這裏是周的東都，因此等於被安排在周的眼皮底下。商王的嫡系部隊，也被改編為所謂“殷八師”，成為成周的衛戍部隊，等於是周人的“看門狗”。

殷商的“駕駛艙”，則被放在了殷的舊都商丘。在這裏，周人建立了一個新的國家，這就是前面說過的“宋”。這一撥人，當然也是從朝歌遷徙過去的。但殷商的貴族遷到洛陽和商丘以後，周公並沒有把朝歌變成空城，而是給了自己年輕的弟弟康叔姬封，建立了衛國。康叔不但得到了朝歌，還分到了殷商的七個部族，基本上都是技術人才，包括製陶、造旗、編籬笆、鑄鐵鍋的專業戶，分別叫“陶氏”、“施氏”等等。這就等於把殷商的“起落架”捏在手裏了。

這可真是“全國一盤棋”。

分到了殷商部族的還有周公之子伯禽、成王之弟唐叔姬虞、召公之子姬克。伯禽分到六族，叔虞分到九族。這事有文獻記載。姬克也分到六族，但不全是殷商遺民。這事有文物證明。他們也都帶着這些族民遠走他鄉，去建設新的國家。伯禽的國號叫“魯”，在今天的山東；叔虞的國號叫“唐”（後來叫“晉”），在今天的山西；姬克的國號叫“燕”，在今天的北京。

周公這一招相當厲害。

事實上，殷商的“國族”，原本由四種關係組成：血緣、地緣、行業、國家。血緣組織為“族”，地緣組織為“邑”，行業組織為“氏”，國家組織為“姓”。說白了，就是一個家族，世世代代只從事一種行業；同行業的人，又集中居住在同一個地方，並世代通婚。同一種“氏”(行業)，住在同一個“邑”(地區)，就成了“族”。族相聚，即為“國”。現在，周公把這些氏（行業）整體遷徙到另一個邑（地區），殷商那個“國”，還能存在嗎？

也只能支離破碎。而且，歸屬於康叔，以及被伯禽、叔虞和姬克帶走的殷商氏族，也只能融入周人的社會，成為新的“國族”。也許，他們後來會被叫做“衛國人”或“魯國人”，但在春秋前都是“周人”。

這就已經相當高明，何況還不止於此。

實際上，建立宋國和衛國，跟建立魯國、晉國、燕國，用心是不同的。建宋封衛，都是為了對付殷頑，只不過宋為懷柔安撫，衛為監視改造，因此只是“近距離換防”。伯禽、叔虞和姬克這三支隊伍，卻是“遠距離殖民”。而且所到之地，均為要衝。比如晉國和燕國，便接近戎狄，其實是姬周的邊防前線。難怪後人會說周公分封諸侯，是給周天子“紮籬笆牆”了。[2]

魯國所在地，則是東夷的老窩。所以不但要讓周公之子在那裏建國，還讓姜太公呂望建立“齊國”。這實在是妙不可言，簡直等於二戰後美國（姬族）和英國（姜族）跑到俄羅斯（東夷）建立殖民地，雖然他們都反法西斯（殷商）。

毫無疑問，以太公和召公之豐功偉績，受封必在武王之時。但武王是“初封”，國土也近；周公是“移封”，國土也遠。事實上齊侯、魯侯和燕侯，都相當於英國國王派出的總督，只不過齊、魯、燕都不能叫“海外殖民地”，得叫“海內殖民地”。其中的深謀遠慮，給我們留下了無限遐想的空間。

總之，周公成功了。他瓦解了殷頑勢力，控制了戰略要地，酬勞了功臣盟友，豈非“一舉三得，一箭三雕”？

甚麼叫“政治智慧”？這就是。

不僅僅是統戰

毫無疑問，這種智慧不是周公一個人的。西周建立的“封國”，也遠遠不止宋、齊、魯、衛、晉（唐）、燕。它們甚至未必都是姬姓或姜姓，比如還有羋姓的楚國，姒姓的杞國（羋讀如靡，姒讀如四）。杞人憂天的故事，説的就是這號人。

楚、杞之類，在當時無疑都是小邦，至多不過“部落國家”，甚至只不過部落或小型部落聯盟。他們在殷商時代叫做“方國”，比如周就叫“周方”。召和姜，則叫“召方”和“羌方”。此外還有媿（讀如鬼）姓的“鬼方”，風姓的“人方”。殷商對他們或者武力鎮壓，或者不聞不問，是很失策的。

實際上這些方國，兵力少，數量多，規模小，來頭大，動不動就號稱神農、黃帝、堯、舜、禹之後，因此“成事不足，敗事有餘”，幫忙幫不上，添亂很容易。聰明的做法，當然是能團結的就團結，這樣才能結成“最廣泛的統一戰線”。至少，即便不能成為朋友，也不能讓他們成為敵人。要知道，這些方國跨入文明並不久，還帶着野蠻習氣和部落遺風，可是説動粗就動粗的。

何況其中一些還參加了伐紂戰爭。雖不過一彪人馬，三五兵丁，卻也算同盟國和參戰國。現在勝利了，總得分他一杯羹，“排排坐，吃果果”吧？

那好，統統“給個師長旅長當當”。

於是，只要承認周天子，不管是氏族、部落、部落國家，也不管是諸夏、諸羌、百濮、群蠻，都紛紛彈冠相慶，成為國君。

説起來這倒是個互利互惠的雙贏方案，而且雙方做的都是“無本生意”。比如方國，就甚麼都沒失去。土地、人民、軍隊、財產，周天子都不要他們的，反倒還會再贈送一點。他們在伐紂戰爭中撈到的油水，周天子一律加蓋公章予以承認。他們的國內事務，周天子卻概不過問。這難道還不合算？

更重要的是，這些方國不少是蠻族。因為文化落後，長期被殷商歧視，自己也自慚形穢。現在既已受封，也就成為列侯，可以跟中原諸國平起平坐，禮尚往來，這可真是鹹魚翻身，豈有不接受之理？

但，賺了大頭的還是周。

首先，這些封國的人民和財產，原本就是那些傢伙的，周人並沒有成本。周天子給出的，只是一個名義和頭銜。但這張空頭支票，卻換取了對新政權的承認和支持，贖買了異動之心和武裝力量，從而建立了自己的統一戰線，還沒失去“領導權”。[3] 事實上，只要這些方國承認自己是周人所封，就至少在名義上認同周的領導，何況受封最多的還是姬姓。

然而方國的加盟非常重要。有了他們，周的政權才有了天命和人心的“雙重合法性”。這可不僅僅只是“統戰”。

這就是西周初年周人的一系列動作：再編組、大遷徙、廣殖民、泛分封，總之，該鎮壓的鎮壓，該安撫的安撫，該酬勞的酬勞，該收編的收編。現在，西周統治者可以高枕無憂了嗎？

不能。因為新秩序是否穩定，仍是問題。

這就不能靠策略，只能靠制度。策略只是“術”，制度才是“政”。換句話說，制度的建立和建設才是根本性的，也才能保證長治久安。

事實上，就在周公他們“下棋”的時候，一種新的政治制度和國家制度也應運而生。這種制度本身是有“維穩功能”的，因此保證了五百年的太平。但它同時又有先天不足和內在矛盾，因此在春秋被破壞，在戰國被顛覆，在秦漢被替代，只留下難忘的記憶和永遠的惆悵。

它的名字，就叫“邦國制度”。

邦國制度

邦國制度的核心，是“封建”。

這裏說的“封建”，不是“封建社會”或“封建主義”，跟“封建禮教”或“封建迷信”更是兩回事。其實迷信跟封建毫不相干，禮教前面冠以封建二字也是“亂點鴛鴦譜”。真正的“封建”，通俗地說就是“分封”，但叫“封建”更準確。因為不但要“封”，而且要“建”。封就是封邦，建就是建國。封和建，都是動詞。封邦建國，是動賓詞組。這是本來意義上的“封建”。

先說“封”。

封，就是“爵諸侯之土”。這是許慎的解釋，也是學界的共識。說白了，就是分封諸侯的時候，要給他一片領土，一個地盤。這片領土或地盤要有疆界，這就得“封”。具體做法，是在邊境線上挖溝，叫“溝封”。挖出來的土，堆在兩邊高高隆起，叫“封土”。土堆上面再種樹，叫“封樹”。種樹主要是為了加固隆起的封土，防止坍塌，同時也更醒目。至於那條溝，也有多用。它是疆界，也是渠道，平時蓄水養樹，澇時可以排洪。

顯然，封的意義在“疆”，所以也叫“封疆”。封出來的政治實體，就叫“邦”。在古文字中，邦和封可以是同一個字，不過封是動詞，邦是名詞，相當於今天所謂“國家”，但又不能叫“國家”。因為在先秦，國是國，家是家，不能混為一談。而且春秋以前的“邦”，包括宋、齊、魯、衛、晉、燕、楚，嚴格説來只有“半獨立主權”。成為“獨立主權國家”，要到戰國。

不叫“國家”，叫甚麼？

邦國。[4]

◎甲骨文的“邦”（前四・一七・三）

邦國是最合適的稱呼。因為所有的"邦"，都包括城市和農村。城市叫"國"，城市加農村叫"邦"。邦是全境，國是都城，邦比國更準確。當然，邦與國也可以通用。叫"邦"，叫"國"，叫"邦國"，都行。

國名	邑	所在地
邘 (yú)	姬姓，武王之子	河南沁陽西北邘台鎮
邢 (xíng)	姬姓，周公之後	在今河北邢台市內
郊 (qí)	姬姓 文王之子	陝西岐山縣東北
邠 (bīn)	姬姓，周太王之國	在今陝西彬縣
邶 (bèi)	紂王之子	在今河南淇縣以北、湯陰縣東南一帶
邰 (tái)	姜姓	陝西武功縣西南
戴 (zài)	姬姓	河南民權縣東
邿 (shī)	妊姓，魯之附庸國	山東濟寧市東南
郕 (chéng)	姬姓，武王之弟叔武	河南範縣境內
邾 (zhū)	顓頊之後	故城在今山東省鄒縣東南，後遷至湖北黃岡
郇 (xún)	姬姓，文王之子	山西臨猗縣南
郜 (gào)	姬姓，文王之子	山東成武縣東南
郪 (xi)	古蜀中小國	在今四川邛崍
郾 (yǎn)	嬴姓，商之盟國	山東曲阜縣舊城東
郲 (lái)	姜姓	山東黃縣東南萊子城一帶
郳 (ní)	曹姓，邾侯之後	山東滕縣東
鄅 (zhōu)	姜姓，炎帝之後	

國名	邑	所在地
郭 (guō)	春秋國名	山東北部某地
郯 (tán)	傳為少昊之後	山東臨沂郯城北
鄚 (jì)	黃帝之後	北京市西南
鄅 (yǔ)	妘姓	山東臨沂縣北
郋 (xī)	姬姓	河南息縣東南
鄒 (zōu)	曹姓，顓頊之後	山東鄒縣東南紀王城
鄟 (zhuān)	魯之附庸國	山東郯城縣東北
鄘 (yōng)	管叔封地	河南新鄉西北
鄿 (tán)		山東章丘西
鄦 (xǔ)	姜姓	河南許昌縣東
鄫 (zēng)	姒姓，夏禹之後	山東棗莊市東
郇 (xún)	姒姓	山東濰縣西南
鄧 (dèng)	曼姓	河南鄧縣
鄶 (kuài)	妘姓，祝融之後	河南密縣東南

邦國有大小。小一點的，是一個城市加周邊農村。因此，其國名往往從邑。這就是“城市國家”。大一些的，是一個中心城市為首都，再加若干城市和周邊農村，這就是“領土國家”。西周初年，大多數邦國都是“城市國家”。只有周例外，有豐、鎬、雒邑好幾個城市。

周，也是邦國嗎？

也是。只不過，是最大也最高級的。周的國君稱“王”，因此是“王國”。而且，也只有周君可以稱王。其他邦國的國君，或為公（如宋），或為侯（如齊），或為伯、子、男，不等。但他們可以統稱為“侯”。因為侯是“有國者”，或“封藩守疆之殊爵”，也就是在邊疆保衛天子的人，所以又叫“侯衛”。侯是很多的，所以叫“諸侯”。等到戰國，諸侯們紛紛稱王，邦國制度就解體了。

由周王國和諸邦國組成的世界，叫“周天下”。這個“天下”，跟秦漢以後的大不一樣。秦漢以後，是“一個天下，一個國家，一個天子，一個元首”。秦帝國和秦天下是合一的，秦天子也就是秦皇帝。這，就叫“帝國制度”。

邦國制度則不同，是“一個天下，許多邦國，一個天子，許多元首”。天下只有一個，即“周天下”；天子也只有一個，即“周天王”。但在這個天下裏面，有許多邦國，比如宋公國、齊侯國、鄭伯國、楚子國、許男國。這些邦國，都有自己的元首，而且不一定同姓。

這樣的天下，怎麼能叫“王朝”？

也只能叫“國家聯盟”，而且或多或少有點像英聯邦。只不過，英國不是聯邦的“宗主國”，女王也不“封建諸侯”。英聯邦的成員國，包括英國與加拿大、新西蘭、澳大利亞等等，都是平等的，是“鬆散的聯合體”。周王國與諸侯國卻不平等，是“君臣關係”。周天子則不但“封”，而且“建”。

我們的田野

甚麼是“建”？

建，就是“建國”。它包括三個內容：授土、授民、授爵。

冊封儀式是隆重的。祭壇由青白紅黑黃五色土築成，象徵着東西南北中。諸侯封到哪一方，就取哪一方的土，再摻和代表中央的黃土，用白茅包裹交到諸侯手裏。這就叫“授土”，表示諸侯擁有對那片土地的使用權。

賜給諸侯的人民則包括三部分：本族臣僚、殷商遺民，以及封地上的原住民。當然，這主要是指魯、衛、晉、燕之類。其他邦國不一定有殷商遺民，原住民則一定有的，“領導班子”也一定是他自己的。這就叫“授民”，表示諸侯擁有對那些人民的統治權。這也是周人的一大發明。因為像這樣土地和人民並賜，殷商卜辭中沒有記錄。由此可見，只有周的封建，才是“真封建”。

第三件事是指定國君，包括命名國號（比如宋、齊、魯、衛），發表訓示（比如《康誥》），賜予受封的象徵物（比如冠冕、禮器、儀仗）。這就叫“授爵”，表示諸侯相對獨立，權力合法，並擁有父死子繼或兄終弟及的世襲權。

這三個程序意義重大。

事實上，封邦建國必須授土、授民、授爵，表現出來的正是周人對“國家概念”的理解。儘管這個時候的邦國，還只是初級階段的“國家”，甚至不能叫做“國家”。但從此，土地、人民和領袖，就成為我們民族的“國家三要素”。比如現代歌曲《歌唱祖國》，就是第一段唱土地，第二段唱人民，第三段唱領袖。這是周制度的深遠影響。

現實意義也很明顯。授土和授民，表示周王才是全世界土地和人民的唯一產權人和法人；授爵，則表示他是所有邦國的最高統治者。所謂“普天之下，莫非王土；率土之濱，莫非王臣”，被表現得淋漓盡致。

主權和產權都是周王的，諸侯只有財權和治權。

但當時似乎沒人想那麼多。程序結束後，受封的諸侯個個峨冠博帶珠光寶氣煥然一新。他們率領部屬、族人、庶眾、臣妾，歡天喜地奔赴封地，定疆域，建社稷，封子弟，收賦稅，分田分地真忙。

當然，最重要的是建立宗廟和社稷。宗廟祭祀列祖列宗，社稷則祭祀土地和穀神。這個祭壇之所以重要，是因為有土有穀就有民。所以，“社稷”便成為國家政權的代名詞。由此還誕生了一種建築制度，即國都的中央是宮殿，宮殿左邊是宗廟，右邊是社稷壇，叫“左祖右社”。

分到的土地和人民也要整合。具體方案，是人民編組，土地分塊。先把一大片土地分成均等的九塊，中間一塊是“公田”，周邊八塊是“私田”。私田由按照血緣關係重新編組的農民“包產到戶”，但八戶農民必須先耕種中間的公田，才能再耕種私田。公田的收入，用於公共事務，這就叫“井田制”。

我們的田野，是這樣的嗎？

不鑽牛角尖就是。整整齊齊規劃成井字形，周邊“封疆”，中間“阡陌”，每塊田地剛好百畝，當然並非所有地方

私	私	私
私	公	私
私	私	私

◎關於井田制，歷來有爭議。有人認為確有其事，有人認為純屬想像，也有學者做出各種解釋，請參看楊寬《西周史》，許倬雲《西周史》。

都能做到。但“平均地權，公私兩利”，則是可能的。大夫和諸侯從公田獲利，更是可能。

從象徵的意義講，井田制甚至也是一種“封建”。或者反過來把封建看作井田。天下之中的周王，封國之中的諸侯，就是當中那塊公田。

但，為甚麼說這種制度“本身就有維穩功能”呢？

因為封建是一種秩序。

諸侯	諸侯	諸侯
諸侯	天子	諸侯
諸侯	諸侯	諸侯

天子與諸侯

大夫	大夫	大夫
大夫	諸侯	大夫
大夫	大夫	大夫

諸侯與大夫

封建是一種秩序

封建制，把世界分成了三個層次。

最高也最大的，叫“天下”。按照當時的觀念，它就是“全世界”，所以又叫“普天之下”。天下的最高領袖叫“天子”，即周王，也叫“周天王”。他是天底所有人共同的君主，叫“天下共主”。他的邦國是“王國”，他的族人是“王族”，他的家庭是“王室”，他的社稷則叫“王社”。

次一級的叫“國”，也就是“封國”。封國的君主叫“國君”，其爵位細分應有五等，統稱則為“公侯”。[5] 所以，他們的族人是“公族”，他們的家庭是“公室”。他們的社稷，為人民立的叫“國社”，為自己立的叫“侯社”。[6]

再次一級的叫“家”，也就是“采邑”。采邑的君主叫“家君”，也就是“大夫”。大夫也是世襲的，叫“某某氏”，比如春秋時魯國的季孫氏、孟孫氏、叔孫氏。這也是“家”與“國”的區別：國君稱姓（姬姓、姜姓、姒姓、嬴姓），大夫稱氏。所以，大夫的族人是“氏族”，他們的家庭是“氏室”。

層級	名稱	君主	身份	家庭	家族	兒子
第一級	天下	天子	天下共主	王室	王族	王子
第二級	國	諸侯	國君	公室	公族	公子
第三級	家	大夫	家君	氏室	氏族	君子

天下、國、家，層次分明吧？

這就是所謂“封建”。封，就是“劃分勢力範圍”；建，就是“釐定君臣關係”。為甚麼是“君臣”？因為諸侯是天子所封，大夫是諸侯所立。前者叫“封邦建國”，後者叫“封土立家”。後一種“封建”，也是有青銅器銘文為證的。

所以，諸侯是天子之臣，大夫是諸侯之臣。大夫對諸侯，要盡力輔佐，並承擔從征、納貢等義務。諸侯的義務，則有鎮守疆土、捍衛王室、繳納貢物、朝覲述職等。當然，如果受到其他諸侯欺侮，也可以向天子投訴，天子則應出面為他主持公道。這是天子的義務。

同樣，權利和權力也很明確。

天子有封建之權，諸侯有再封之權，大夫沒有。也就是說，封到大夫，就不能再封。享有治權的，也只有這三級。不同的是，天子在理論上對周天下，在實際上對周王國，都有統治權。諸侯和大夫則只對自己的封國和采邑有權統治，但他們的治權既是理論上的，也是實際上的。也就是說，大夫的家，諸侯的國，都自治。大夫有權自行管理采邑，叫"齊家"，諸侯不干預；諸侯有權自行治理封國，叫"治國"，天子也不過問。但，大夫除了"齊家"，還有義務協助諸侯"治國"。諸侯也有義務在發生動亂時，奉天子之命擺平江湖，叫"平天下"。

哈，三級所有，層層轉包，秩序井然吧？

這就是"邦國制度"，也是真正意義上的"封建"。在這種制度中，周天子名義上是"天下共主"，實際上卻"虛君共和"。大夫的家和諸侯的國，則共同組成真正的政治實體，即"家國"。"家國"變成"國家"，要到戰國。秦漢以後，國家與天下合二為一，邦國就變成了帝國。從此，天下只設"郡縣"，不封"諸侯"，封建制壽終正寢。封建，是戰國以前的"國際秩序"。

這樣的事，別的地方有嗎？

沒有。周人的邦國制，不同於大多數文明古國的"君主制"，不同於古希臘的"民主制"、古羅馬的"共和制"，也不同於近現代的"聯邦制"或"邦聯制"，跟歐洲和日本的"封建制”也只有相似之處。與井田、宗法、禮樂相配套的封建制，是我們民族獨有的國家體制，也是周人的“制度創新”。

創新是智慧的。井田制是經濟基礎，封建制是上層建築，同時也都是鞏固政權的手段。封建制把姬周和異姓、中央和地方捆綁在一起，井田制則把民生和民心、人民和土地捆綁在一起。農民不“離鄉背井”，豪酋不“犯上作亂”，閒漢們不“無事生非”，可不就“天下太平”？

何況封建也好，井田也罷，都是秩序。有秩序，就不亂。但光有秩序，還不足以“維穩”，因為秩序可以破壞。那麼，周公及其繼承人“維護封建秩序，防止社會動亂”的辦法還有甚麼呢？

宗法和禮樂。

周人創意的新制度和新秩序，是一盤很大的棋。
一着不慎，也可能滿盤皆輸。
對士的忽略，就是隱憂。

第四章

天下為家

嫡長子

宗法制的核心，是“嫡長子”。

嫡，就是“正妻”。妻與夫“相匹敵”，所以叫“嫡”。妻生的兒子，就叫“嫡子”。其中最年長的一個，叫“嫡長子”。

“嫡”相對的，叫“庶”。庶，有眾多（庶眾）、渺小（庶幾）、龐雜（庶務）、卑微（庶民）等意思。物以稀為貴，多了就不值錢。庶的本義既然是“多”，那就同時意味着“卑賤”。

不過，庶子的地位低於嫡子，卻並不因為嫡子的人數一定少，而因為庶子的母親人數多。嫡子的母親是妻，只能有一個；庶子的母親是妾，可以有若干。按照西周婚姻制度，貴族男子都可以有妻有妾。最低一等的“一妻一妾”，中高級貴族“一妻多妾”。這就叫“一夫一妻多妾制”。

一妻多妾，也是宗法制的內容之一。

妾的人數既然多，當然是“庶”。事實上，“妾”這個稱謂就帶貶義。它的本義，是女奴。[1] 最早，是女性戰俘。戰俘們要保命，只能做奴隸，於是“男為臣，女為妾”。原始的“妾”，很可能就是被勝利者隨便佔有的女人，而且僅僅因為她們是俘虜。那時，戰俘可是沒有甚麼人權的。

後來的妾，也一樣。

依照“一妻多妾制”，妻妾的來歷就不同。妻叫“娶”，妾叫“納”。妻，必須“門當戶對，明媒正娶”，才能“與夫匹敵”，也才能叫“嫡”。納妾，則可以偷，可以搶，可以買，可以騙，還可以死纏爛打。因為妾不必有身份和地位。她可以是夫人的陪嫁；父母的丫環；青樓的女子；朋友的歌姬。因此，父母可以賞；朋友可以送；自己可以要；甚至霸王硬上弓。妾既然如此地“來路不明”，其地位可想而知。

也因此，這種制度，只能叫“一妻多妾”，不能叫“一夫多妻”。

結果，是她們的兒子也不平等。

實際上，不但庶子與嫡子不平等，嫡子與嫡子也不平等。地位最高的是“嫡長子”；其次是“次子”，也就是妻的其他兒子；再次是“庶子”，也就是妾的兒子。但他們的父親卻是同一個人，而且是貴族。如果父親是周王，他們就是“王子”；父親是諸侯，他們就是“公子”。王子和公子，也要分三六九等？

要的。原因，在繼承權。

天子、諸侯、大夫，遺產很多。爵位、領地、財產、權力，這些都要有人繼承。有權繼承的，當然是他的兒子。因為天子的王族，諸侯的公族，大夫的氏族，跟全社會一樣，都實行“父家長制”。這也是宗法制的又一個內容。但所有的兒子都來繼承，卻不行。有些東西比如財產，可以分。爵位和權力，就分不了，只能傳給一個兒子。

這就必須立個規矩。沒有規矩，兒子們打起來，可就無法維穩了。

宗法制，就是立規矩的。

周人立的規矩，叫“嫡長子繼承制”。説白了，它就是當時的“繼承法”，只不過不是“民法”，而是“禮法”。這是宗法制的核心和關鍵。按照這個制度，不但父親的爵位和權力，就連父系家族的血統，都只能由嫡長子來繼承。這就叫“宗法”。為甚麼叫“宗法”？因為族的第一代叫“祖”，第二代叫“宗”。決定誰是第二代（宗）的禮法，當然叫“宗法”。

宗法制規定，“祖”是甚麼人，可以不管。但從第二代開始，原則上就只能由嫡長子繼承，除非沒有。如果是嫡長子傳嫡長子，一路傳下來，這樣的體系就叫“嫡系”，這樣的血統就叫“正統”，這樣的宗派就叫“正宗”。

這就是宗法三要素：父家長制、一夫一妻多妾制、嫡長子繼承制。

但，這跟封建又有甚麼關係呢？

好大一個家

關係就在所有的貴族都是世襲。

世襲，就有繼承權的問題。爵位，卻只有一個。所以貴族比任何人都重視宗法。依照宗法制，天子、諸侯、大夫，都只能傳位於嫡長子。其他兒子，包括其他嫡子，連血統都不能繼承。但這些公子王孫，畢竟都是“貴二代”，總不能撒手不管，讓他們流離失所吧？

也只有一個辦法：分封。

分封也簡單。天子的嫡長子做了天子，他嫡出的弟弟和庶出的哥哥，就分出去做諸侯，或者留在王國做公卿。同樣，諸侯的嫡長子做了諸侯，他的弟兄們就分出去做大夫。宗法制與封建制，嚴絲合縫，合二為一了。

結果是甚麼呢？

天下為家。

這也是必然的。首先，天子是“天”的嫡長子，所以叫“天子”。諸侯則是天子的兄弟，大夫又是諸侯的兄弟。雖有嫡庶之分，卻總歸是兄弟。大夫和諸侯，跟天子既然是這種關係，豈能不“四海之內皆兄弟”？

當然，這裏說的是姬姓諸侯。但天子與異性諸侯，以及姬姓諸侯和異性諸侯之間，卻有婚姻關係。比如姬姓與姜姓，秦國與晉國，就長期通婚，所以婚姻也叫“秦晉之好”。這樣一來，天子、諸侯、大夫，不是兄弟就是叔姪，要不就是翁婿、郎舅、連襟、親家。說到底，還是“一家子”。

這真是“好大一個家”。子女，就是廣大民眾；父家長，則是各級君主。因此，他們理所當然地被分別叫做“子民”和“君父”。這種稱謂的起源已無從查考，但可以肯定直到明清還在使用，思想源頭則在周。

不過，周天下這個“家”，是有層級的。周天子，是皇天上帝的“嫡長子”，也是天下子民的“總爸爸”。諸侯，是“二級爸爸”；大夫，是“三級爸爸”。小民，則是“子女”。子女也要“成家立業”。他們成的家，是“家庭”，一夫一妻，無妾。這些家庭也都有祖宗。以祖宗為統緒，家庭構成“宗族”。這些宗族，從屬和依附於大夫，構成“氏族”，大夫是氏族的族長。氏族從屬和依附於諸侯，構成“國族”，諸侯是國族的族長。國族從屬和依附於天子，這就構成了“民族”。這個民族在西周叫“夏”，春秋叫“華”，後來合稱“華夏”。周天子，就是華夏民族的“總族長”。

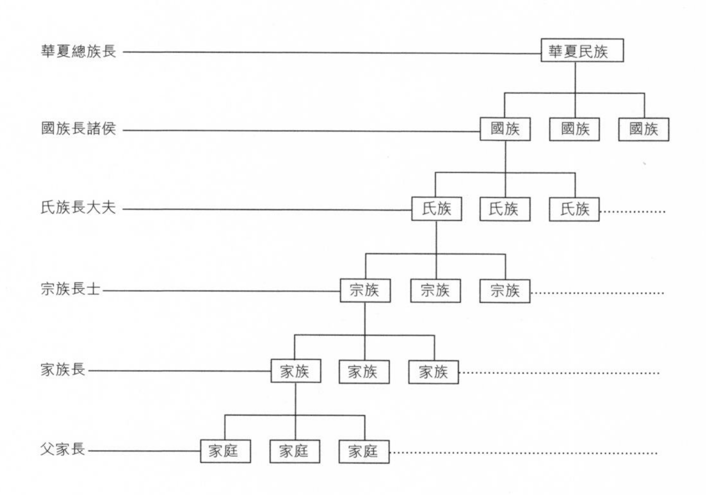

難怪學術界普遍認為，華夏國家和華夏民族的正式形成是在周，只不過這國家和民族被説成或看成一個“巨型家族”。

同時，它也是“好大一個公司”。

周天下這個公司是“家族型”的，也有總公司和子公司。總公司叫“天下”，總經理是天子，董事長是“天”。因為天子的治權是天授的，天下的產權也是上天的。子公司叫

“國”，董事長是天子，總經理是諸侯。國是天下的子公司，同時又有自己的子公司叫“家”。家這個子公司的子公司，董事長是諸侯，總經理是大夫。因為大夫之“有家”，來自諸侯的授權；諸侯之“有國”，來自天子的授權。上天授權天子，叫“天命”；天子授權諸侯，諸侯授權大夫，則叫“封建”，包括“封邦建國”和“封土立家”。

	關係	董事長	總經理	授權方式
天下	總公司	天	天子	天命
國	天下子公司	天子	諸侯	封邦建國
家	國的子公司	諸侯	大夫	封土立家

因此從理論上講，天子有權收回諸侯的封國，諸侯也有權收回大夫的采邑。這也是有文獻記載和文物證明的。當然，上天更是有權收回天下。只不過，那事兒可就鬧大了。它在歷史上，就叫“革命”。

革命，會發生嗎？

會。

因為“公司”有問題。

姬周株式會社

周天下這家公司，有點像"株式會社"。

日文和韓文所謂"株"，是股權和股份，一股就叫"一株"。所以，株式，就是股份制；株式會社，就是"股份有限公司"。

顯然，株式會社的株，不是守株待兔的株，但這並不妨礙我們把周天下看作一棵"樹"。井田，就是葉子；村社，就是花果；莊園，就是枝條；采邑，就是分枝；封國，就是支幹；天下，則是主幹。

有這麼一棵"樹"也很好，大樹底下好乘涼。

可惜樹太大，也麻煩。

比方說，樹大招風。

招風也是肯定的。畢竟，周人只是得到了"中國"。周邊地區，東夷、南蠻、西戎、北狄，都是“風口”，誰知甚麼時候“風乍起”？一齊颳起來，更成了“龍捲風”。事實上，後來西周滅亡，平王東遷，就因為“西北風”。

看來，如果樹大，那就必須根深。

所以，周代的統治者和思想家，跟日本企業家一樣，都主張“和”，只不過中國講“和諧”，日本講“和攏”。日本人認為，從老闆到員工，都應該把企業看作一個大家庭。為了避免家庭內部發生衝突，每個人都有責任“維穩”，有義務“維和”。這樣才能“攏在一起”，長足發展。這就叫“和攏經營”。

日本和韓國，是常常被看作“儒家資本主義”之成功範例的。這其實似是而非。沒錯，中華文明確實影響了日本和韓國，並被成功地應用於企業管理。但真正起到決定作用的，卻不是“儒家思想”，而是“資本主義”，包括市場經濟、契約精神、法治原則。至少，他們“產權明晰”。株式會社的資本，是股東們一株一株湊起來的。如果不想“血本無歸”，那就必須“和衷共濟”。

更重要的是，產權明晰，就責任明晰、權利明晰。大家都是公司的股權人，為公司奮鬥就是為自己奮鬥，誰不努力？

周天下卻“產權不清”。

誰都知道，周天子的“資本”，其實是“槍桿子裏面出政權”。然而按照“君權天授”的理論，卻被說成“天命空降，直接下載”，因此“普天之下，莫非王土”。這樣一來，全部股權便都是周王的，只不過分給了大家。分配的結果，是諸侯和大夫得到了“原始股”，士農工商得到了“技術股”。這當然也未嘗不可。既然都是股權人，就應該同心同德，才能把自己的股份變成“績優股”。

可惜這最終只是一廂情願。

首先，姬周株式會社既不“生產”，更不“分紅”。公司總部只知道收“管理費”，生存發展全靠諸侯和大夫“自力更生”。時間長了，誰幹呀？其次，這家公司也不“上市”。不上市又要分蛋糕，還都想多吃多佔，就只有“窩裏鬥”，結果“外戰外行，內戰內行”。更重要的是，你說“普天之下，莫非王土”，請問有“授權書”嗎？有“產權證”嗎？沒有。那好，我們創造的財富，憑甚麼說是你的股權？你能從皇天下載，難道我不能？不信革一回命試試？

於是到了戰國，周天下這家股份有限公司，終於資不抵債徹底破產。

不過在西周初年，卻沒人想這些。畢竟，公司的破產要到五百年後。周人再有“憂患意識”，也想不到那麼遠。何況大家都吃了定心丸。嫡長子固然地位無法撼動，次子和庶子也都可以各奔前程。那就“和諧”吧！

但，這裏面還是有問題。

甚麼問題？

天子諸侯的次子庶子可以再分封，大夫的呢？

重大失誤

做不了大夫的貴族子弟，就做“士”。

士階層的出現，是宗法制和封建制的必然結果。因為按照宗法制，次子和庶子不能襲爵；按照封建制，封到大夫就不能再封。因此，大夫的兒子如果沒有繼承權，就只有貴族身份，沒有貴族爵位。

於是，這些無爵可襲的大夫之子，也包括家道中落的公子王孫，以及王室和公室的旁支遠親，便構成最低一級的貴族，叫做“士”。

士，在歷史上極為重要。

重要性是逐漸顯示出來的。如果說西周是王的時代，東周是諸侯的時代，春秋是大夫的時代，那麼戰國就是士的時代。那時的士，周遊列國，朝秦暮楚，拉幫結派，合縱連橫，演繹出一幕又一幕驚心動魄的活的戲劇。

秦漢以後，我們民族進入“帝國階段”，廢封建，行郡縣，諸侯和大夫這兩級貴族都被消滅。除了皇族，所有人都是平民。於是，士便成為平民之首，與其他階層合稱“士農工商”。從漢帝國到清帝國，官僚集團主要由士組成，甚至一度形成所謂“士族”。士，最終成為中國歷史的主人，尤其是中國政治史、思想史和文化史的主人。

這並非沒有原因。

首先，周代的士，是貴族，也有貴族的權利和待遇。權利包括祭祀權、參政權和從軍權，待遇則低於王侯大夫，高於平民。比方說，婚姻，一妻一妾；祭祀，三鼎二簋；樂舞，二佾（讀如異），也就是舞女兩行。

但作為貴族，士“有權利，無權力”，最重要的是沒有治權。因為天子、諸侯、大夫都有領地，比如諸侯有封國，大夫有采邑。這些領地，經過了授土、授民和授爵三大程序，因此領主不但有財權，還有治權。

士就沒有領地，只有“食田”，也就是某塊田地的賦稅歸他，但對田裏的農民不能統治。而且，還必須擔任一定職務，才有食田，食田不是他的私產。擁有“世職”（世襲的職務）和“世田”（世襲的田地）的，是少數。

越來越多的士，都只能“打工”。

這就要有本事。實際上，但凡士，都多少有些能耐。他們或者有武藝，可以做戰士、保鏢、刺客；或者有文化，可以做史官、智囊、文秘；或者懂經營，可以做管家、會計、經紀人；或者會方術，可以治病、療傷、看風水、配春藥、傳授房中術。再不濟，也能“雞鳴狗盜”。

顯然，周代的士，就是當時的“知識分子”和“白領階層”。他們地位不高不低，人數不多不少，能量不大不小，最適合培養為“中產階級”。苟如此，就能形成鞏固各級政權、維護社會穩定的“中堅力量”。

然而周人最大的失誤，就在這裏。

從西周大封建開始，真正得到實權和實惠的，是諸侯和大夫。最後養肥的，也是這些“中上層貴族”。這對“中央”其實是不利的。因為諸侯和大夫越強大，天子就越虛弱。強枝弱幹的結果，是周王室成為“皮包公司”，周天子成為“光桿司令”，最後連“橡皮圖章”都當不成。

一併退出歷史舞台的，還有“封建秩序”。因為諸侯可能強於天子，大夫也可能強於諸侯。子公司超過總公司，豈能不亂？只不過，春秋是諸侯架空天子，比如“五侯爭霸”；戰國則是大夫滅了諸侯，比如“三家分晉”。但無論哪一種，士都是幫兇。

但同時，挺身而出希望救世的，也是士。這就是“先秦諸子”。其中，儒家代表文士，墨家代表武士，道家代表隱士，法家代表謀士，都是士的代表。只不過，他們的方案各不相同，甚至認為那世界無藥可救。

同樣是士，為甚麼有的“助紂為虐”，有的“救苦救難”，如此不同呢？

因為有“君子”，有“小人”。

君子與小人

君子與小人，也來自宗法和封建。

依照宗法制，貴族的次子和庶子，也可以“開宗立派”，只不過嫡長子立的叫“大宗”，次子和庶子的叫“小宗”。但依照封建制，天子的小宗卻是諸侯，那可是國族的大宗。同理，大夫是國族的小宗，同時是氏族的大宗；士是氏族的小宗，同時是宗族的大宗。所以士可以“一妻一妾”。甚至士人的族如果龐大，他的次子和庶子，還能成為家族的族長。

但只要算一筆賬，誰都清楚這世界上是大宗多還是小宗多。而且，只要貴族們的世代足夠長久，族就會裂變，小宗的人數也會越來越多。這就形成了一個人數眾多的特殊階層——小人。

小人，就是“小宗之人”。

相反，嫡長子則總是貴族。諸侯的嫡長子是國君，大夫的嫡長子是家君。那好，周王的兒子是“王子”，公侯的兒子是“公子”，家君的兒子就是“君子”。這，倒是不論嫡庶的。甚至宗族的族長，由於“儼然君主”，他的兒子也可以叫“君子”，至少嫡長子可以。

君子，就是“君主之子”。

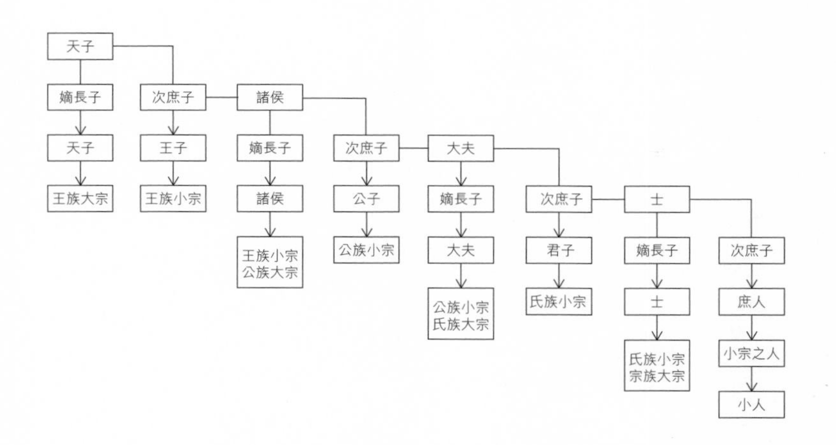

這就是君子和小人的本義——大宗之子和小宗之人。這時，作為貴族，小宗之人也是“人”，地位至少比“民”高。民，是平民和奴隸。但，君子之澤，五世而斬。天長日久，子子孫孫，貴族們那些庶子的庶子的庶子，就不但只能是小宗的小宗的小宗，甚至不再是“人”。低級貴族之小宗，更如此。

這就產生了第二種含義 —— 君子是貴族，小人是平民。

貴族與平民，是"階級"，也是"等級"。由於是"等級"，後來又指"品級"，也就是君子高貴、高尚、高雅，小人粗俗、低俗、庸俗。原因也很簡單：文化資源和教育資源不一樣。君子能接受良好的教育，當然"三高"；小人甚至無法接受正規教育，當然"三俗"。

再後來，階級的意義沒有了，品級的意義也淡化了，變成了"品類"：君子是好人，小人是壞人。或者說，君子道德高尚，小人品質惡劣。階級講身份，等級講地位，品級講品位，品類講品質，都是君子高，小人低。

這是君子和小人的第三種含義。

毫無疑問，這裏面有歧視，卻不等於沒意義。意義是對士的。因為王之子是王子，公之子是公子。所謂"君子"，主要指大夫的兒子，即"家君之子"，也就是"士"。士，可是在貴族和平民之間"邋鞦韆"的。你自強不息，就仍是"君子"；你自甘墮落，就淪為"小人"。因此，必須樹立"君子之德"，弘揚"君子之風"。儘管那最後的結果，不過是成為"精神貴族"。

然而這很重要。

事實上，有"精神貴族"，才有"貴族精神"。貴族精神不是擺譜、撒嬌、端架子，而是高貴、自律、守底線，獨立、自由、有尊嚴。為此，他們倒驢不倒架，可殺不可辱，寧肯殺身成仁，不肯苟且偷生。

這樣的精神，是我們民族寶貴的文化遺產。

因此，正如不能沒有“中產階級”，一個社會也不能沒有“精神貴族”。然而縱觀中國歷史，從先秦到唐宋，雖無“中產階級”，卻有“精神貴族”。但到明清以後，專制日盛，斯文掃地，精神貴族和貴族精神都日見稀缺，甚至被趕盡殺絕。中華文明的精神，可謂命懸一線！

但這是後話，現在還看西周。

算盤未必總如意

說起來，周天下其實算得上“樹大根深”。

周的根，在農村。

這並不奇怪。周，原本就是農業民族。何況在邦國制度的框架下，諸侯的國，大夫的家，都是“自主經營”。大夫的財政收入當然來自采邑。諸侯的則不但來自全國，自己也會有一塊“自留地”，就像天子擁有天下之外，還有一個“周王國”。周王國是實體。它是周天下的“中央政府”，同時也是“獨立王國”。後來周天子被架空和顛覆，就因為他的王國每下愈況，綜合國力不但不如諸侯的封國，甚至不如大夫的采邑。

采邑是周的“基層政權組織”，地位相當於後來的縣，規模相當於現在的鄉。采邑中有村社，大一點的或者還有莊園、牧場和森林。城堡之外的郊野，則是八戶或十戶農民編組耕種的井田。管理采邑事物的，是大夫的“家臣”。

家臣都是士。職位高的叫“宰”，是大夫的“大管家”。孔子的學生子路和冉有，便做過魯國大夫季孫氏的宰，但那已經是春秋了。西周時期，家臣應該都是不能襲爵的“家君之子”。他們既然不能像嫡長子那樣接班做“家君”，也就只好去做“家臣”，幫助父兄“齊家”。

這是合理安排，也是如意算盤。

我們知道，周天下其實很大。不要説遠在天邊的周王，就連大國的諸侯和大邑的大夫，距離子民也很遠。真正在第一線接觸民眾的，就是家臣。所以家臣至關重要，然而君主們卻大可放心。因為家臣是大夫的子弟，大夫又是諸侯的子弟，諸侯則是天子的叔伯、舅舅、兄弟、子姪、女婿、連襟、妹夫、丈人。這樣的江山，豈非“鐵打銅鑄”；這樣的政權，豈非“穩如泰山”？

至少，那根子也扎得夠深的了。

可惜人算不如天算。

天算是甚麼呢？是日子久了，血緣就淡薄，關係就遞減。這是自然規律。所以，用血緣和婚姻來維繫政治聯盟，可以奏效不能持久。再大再和諧的族群也要分家，四世同堂就到了頂，接下來便是五世而斬。

何況周天下這個總公司原本就是虛的，實體是諸侯的國，後來還有大夫的家。實際上，從西周到東周，發展的趨勢就是強枝弱幹。不但諸侯變得尾大不掉，就連大夫也後來居上，請問那還能維持嗎？

沒錯，凡事有利就有弊，算盤未必總如意。刀切豆腐兩面光的事，是沒有的。但始料不及的，是問題會出在家臣。

家臣有甚麼問題？

忠心耿耿。

奇怪！忠心耿耿不好嗎？好。但家臣不是忠於國君，更不是忠於天子，而是忠於大夫。因為大夫是"家君"，他們是"家臣"。所以他們公開宣佈"只知有家，不知有國。"最搞笑的是公元前 530 年，魯國大夫季孫氏的一個家臣在宮廷鬥爭中站在國君一邊，結果成了過街的老鼠。鄉親們譏諷地說：我有一塊菜地，長的卻是草皮。身為家臣而心繫國君，太有才了你！[2]

這可真是讓人哭笑不得。

是啊！原本希望"家國一體"，結果變成"家國對立"；原本用於維穩的手段，卻變成最不穩定的因素，豈非莫大的諷刺？

更具諷刺意味的是家臣的理論。周公他們不是說"普天之下，莫非王土；率土之濱，莫非王臣”嗎？家臣的說法，卻是“封略之內，何非君土；食土之毛，何非君臣。”[3] 封略，就是大夫的采邑；君，則是家君，也就是大夫，沒諸侯甚麼事，更沒天子甚麼事。這簡直就是地地道道的“修正主義”。

哈！原來他們心目中的君臣關係，只存在於采邑之中。甚麼“鎮守邊疆，捍衛王室”，不過一句空話，甚至根本就是扯淡！

周公，你想得到嗎？[4]

周公和孔子都不變態，
他們為青年男女的性愛留下了自由的空間。
三月三日的中國情人節，演出了東周版的“花兒與少年”。

第五章

兩個基本點

愛國賊

魯國那個跟家君唱反調的家臣，叫"南蒯(kuǎi)"。

南蒯是季孫氏封地費邑的宰。照規矩，季孫氏把費邑承包給南蒯後，自己就不怎麼管事，所以南蒯在那裏當了三年老大。但，當南蒯決定背叛季孫大夫，支持魯國國君時，費邑人卻不幹了。他們把南蒯抓起來，對他說：過去我等聽命於先生，是因為忠誠於主上。現在先生有了那種想法，我輩卻沒有這等狠心。那就請先生另謀高就吧！您老人家的理想抱負，上哪兒不能實現啊！

眾叛親離的南蒯只好抱頭鼠竄逃到了齊國，齊國倒也收留了他。

有一天，南蒯伺候齊景公吃飯。

景公突然端起酒杯說：你這叛徒！

南蒯不知景公是真是假，當時臉都綠了，一肚子委屈地辯解說：微臣豈敢叛亂，不過想強大公室而已。這可是愛國呀！

旁邊的齊國大夫卻反唇相譏：一個家臣，愛的甚麼國？你罪過大了去！[1]

奇怪！愛國有罪？

不。愛國無罪，但要有資格。諸侯愛國就是對的，因為他是“國君”。大夫愛國也是對的，因為他是“國人”。家臣愛國，則“罪莫大焉”。

家臣愛國，何罪之有？

僭越。也就是通房大丫頭把自己當成了大老婆。

前面說過，封建是一種秩序。它確定的君臣關係和效忠對象，也是有層級的。具體地說，從上到下，天子之臣是諸侯，諸侯之臣是大夫，大夫之臣是士（家臣）。從下到上，就是家臣忠於大夫，大夫忠於諸侯，諸侯忠於天子。因此諸侯可以“愛天下”，大夫可以“愛國”，家臣只能“愛家”。這就叫“禮”，也才叫“忠”。越級非禮而愛國，就是“愛國賊”。亂臣賊子，人人得而誅之。齊景公只把南蒯叫做“叛夫”，算是客氣。

那麼，費邑的邑人，為甚麼可以反對他們的總管南蒯，

“越級”忠於季孫氏？

因為按照邦國制度，天下只有一個，封區只有兩級。封到采邑，就不再分封。家臣不是“君主”，只是大夫派出的代理人。邑人也不是家臣的臣，而是大夫的臣，即“家人”。他們的道德義務，是“忠君愛家”，不是“忠君愛國”。這跟季孫大夫的是非對錯沒關係，跟南蒯的政治立場更沒關係。

禮，只認秩序，不管是非。

後果當然很嚴重。依照這個“忠君原則”，諸侯如果對抗天子，大夫就應該跟着對抗；大夫如果反叛諸侯，家臣也會跟着反了。周的滅亡，就因為此。

但是沒有辦法，因為是非講不清。公說公有理，婆說婆有理，怎麼操作？

講得清並可操作的，只有秩序。

秩序貫穿着邦國制度。井田是經濟秩序，宗法是社會秩序，封建是政治秩序。這就一要“明差異”，二要“定等級”。井田制區分“公私”，於是有公田、私田；宗法制區分“嫡庶”，於是有嫡子、庶子；封建制區分“君臣”，於是有人、有民。人是貴族，民是平民和奴隸。這是“階級”，三等。天子是超級貴族，諸侯是高級貴族，大夫是中級貴族，士是低級貴族。這是“等級”，四等。此外還有公、侯、伯、子、男，是諸侯的“爵級”，五等。

由此可見，秩序即等級。它就像井田一樣形成序列，叫“井然有序”；就像阡陌一樣條理分明，叫“井井有條”。事實上，等級分明的周社會，就是一塊“井田”；秩序井然的周制度，則是一口“井”。周公和他的繼承人，以愚公移山的精神挖井不止，終於挖得深不見底，單等我們跳下去。

這口“井”，就叫“倫理治國”。

好大一張網

甚麼叫“倫理”？

倫，是一個很晚才有的字。甲骨文和金文都沒有“倫”。它的本字，應該是“侖”，金文的字形象柵欄。後來加上單人旁，變成“倫”，有類比（無與倫比）、匹敵（精彩絕倫）、條理（語無倫次）等意思。

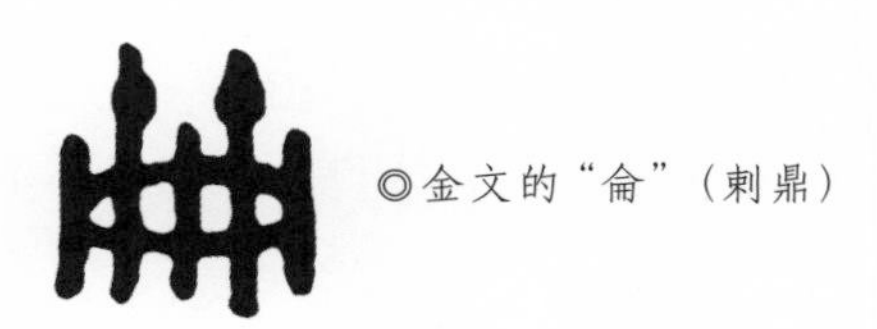

◎金文的“侖”（剌鼎）

其實，倫，就是秩序和類別。如果沒有，就叫“不倫不類”。但最重要的秩序和類別，是人類社會的，叫“人倫”。按照後來儒家的説法，人倫包括五種人際關係：君臣、父子、兄弟、夫婦、朋友，叫“五倫”。規範五倫的道理、法則和儀式，就叫“倫理”。

倫理的核心，是“名分”。

從字面上講，名分就是名位和職分。説白了，則是一個人的“社會身份”和“社會角色”，以及相應的權利、義務和待遇。其中地位特別高的，還有爵號和車服等等，叫“器”。名和器合起來，叫“名器”。名不同，器也不同。比如祭祀用的禮器，天子九鼎八簋，諸侯七鼎六簋，大夫五鼎四簋，士三鼎二簋，都是鼎奇數，簋偶數。祭祀時的樂舞，天子八佾，諸侯六佾，大夫四佾，士二佾。祭祀穿的禮服，天子十二旒，諸侯九旒，上大夫七旒，下大夫五旒。旒“讀如流”，是垂在“冕”前面的珠串。士沒有冕，也就沒有旒。

名分，決定着待遇、規格、譜。

所以，傳統社會的中國人極其看重名分。妻們固然會嚴防死守，小老婆也不能“妾身未分明”。比如《紅樓夢》裏的花襲人，是最早跟賈寶玉上牀的。但因為沒有“走程序”，結果便連妾都不是。

名分，簡直就是“命根子”。

沒有人可以不要名分。沒有名分，就沒有“面子”。面子是名分的標誌，也是人的“臉面”，或“臉譜”。擺出來，就叫“擺譜”；有了它，就叫“有譜”。這就可以交往，可以“面對面”。否則，就“對不起”。[2]

難怪我們“死要面子”。

其實，面子可以“要”，也可以“給”。小妾“扶正”，副職“轉正”，是實實在在地給；稱小老婆為“如夫人”，芝麻官為“大老爺”，是客客氣氣地給。但無論虛名還是實惠，也無論是贈送抑或索要，前提，是你得認同倫理，看重名分。只要你當回事，所有程序便會啟動。從此，你就成了電腦裏的數據，任由綱常倫理的軟件處理。

這是一張蜘蛛網，而且彈性很好。

能夠逃出這張“法網”的人很少。你出家？廟裏有師父。你落草？山寨有頭領。你自主擇業？業內有行會。你浪跡江湖？江湖有門派。你不可能絕對一個人生存。只要歸屬於某一群體，那就要有“名分”。只要接受名分，那就仍在“五倫”。所以蘇東坡“常恨此身非我有”，但發完牢騷，照舊回家睡覺。甚麼“小舟從此逝，江海度餘生”，根本做不到，也沒當真想過。[3]

這可真是“天網恢恢，疏而不漏”。宗法倫理，將所有人都“一網打盡”。

得了便宜又賣乖的，是那隻“蜘蛛”。

因此，儘管秦始皇憎恨封建，漢高祖厭惡儒家，卻都不反對倫理治國。秦始皇的政策，是既要“依法治國”，又要“道德禮儀”，只不過把德和禮都納入法。因此，他除了推行“車同軌，書同文”，還要求“行同倫”。漢高祖則在登基不久立足未穩時，便讓儒生叔孫通重新制定了禮儀。此後，以綱常倫理為核心的禮樂制度，不但沒有因為邦國變成帝國而被廢除，反倒一直延續到清。

這決非偶然。

便宜了誰

討厭儒家的劉邦，後來確實嚐到了禮治的甜頭。

那是西漢王朝的建國之初，大亂雖平而天下未定，跟西周初年的局勢幾乎完全一樣。只不過，追隨武王伐紂的，是姬姓和姜姓的貴族，比如太公望、周公旦、召公奭，以及其他方國的豪酋。雖然他們在殷商眼裏是蠻族，卻其實文化程度不低，個個都是“風流人物”。

劉邦的隊伍就差得多。除張良是貴族，韓信算是破落貴族，其餘的，陳平是無業遊民，蕭何是蕞爾小吏，樊噲是狗屠，灌嬰是布販，婁敬是車夫，彭越是強盜，周勃是吹鼓手，劉邦自己則是地痞無賴，基本上是“草台班子”。

何況此時，禮壞樂崩已經幾百年。像周武王那樣嚴格按照禮制來舉行開國大典，他們哪會？未央宮建成後，劉邦大宴群臣，居然乘着酒興對太上皇說：過去老爸總罵我不如二哥能幹，將來生活沒有着落。現在看看，是二哥的產業多，還是我的多？殿上群臣也跟着起鬨，大呼小叫，亂成一團，完全沒有體統。

這簡直就是群魔亂舞。

叔孫通他們自然看不下去，大漢朝廷也不能是土匪窩子。於是好說歹說，終於勸動劉邦同意制定禮儀，文武百官、功臣勳貴也都進學習班培訓。從此御前設宴，人人莊嚴肅穆，規行矩步，行禮如儀。劉邦自己也喜不自禁。他餘味無窮地說：老子今天才曉得，當皇帝還真他媽的過癮！

當然過癮。倫理、道德、禮儀，原本就是為了讓君主們坐穩江山。秦漢以後，歷朝歷代都堅持倫理治國和禮樂制度，原因就在於此。

實際上所謂“五倫”，最重要的就是“君臣”。除朋友外，父子、兄弟、夫婦，也都可以看作君臣關係。父親是“家君”，丈夫是“夫君”，長兄如父也是“君”。反過來也一樣。或者說，君臣如父子，同僚如兄弟，正副職如夫妻。政治倫理，注定了是家庭倫理的“國家版”。

那麼，家庭倫理，最重要的是甚麼？

和諧。家和萬事興。

怎樣才能和諧？

講名分，重稱謂，守規矩，盡孝心。比如跟父母説話，要自稱“兒子”。如果父親是君王，則自稱“兒臣”。跟哥哥説話，要自稱“小弟”。如果哥哥是君王，則自稱“臣弟”。跟丈夫説話，要自稱“妾”。如果丈夫是君王，則自稱“臣妾”。對父母，要“早請示，晚彙報”。父母的年紀，必須掛在心上，還得“一則以喜，一則以懼”，喜的是他們健康長壽，懼的是他們年老力衰。[4] 父母去世，要“守喪三年”。如果父母是天子或諸侯，則要在他們臨死之前成立“治喪委員會”，給他們備好棺槨，換上壽衣，然後守在他們身邊看着他們死，叫“為臣”。這是中國最早的“臨終關懷”，但只有天子和諸侯才能享受。

所有這些，歸結為一個字，就是“孝”。

孝道表現於國，就是“忠”。忠，不是人的天性，因此需要培養。培養基地，就在家庭。事實上，一個人如果孝敬父母，就不會背叛君主；如果友愛兄弟，就不會欺負同事。忠臣出於孝子之門，並非沒有道理。

難怪所謂“君仁臣忠，父慈子孝，兄友弟恭，夫和婦柔”，竟有三組是家庭倫理。是啊，對自己子女都沒有愛心的君，可能仁嗎？對自己父母都沒有孝心的子，可能忠嗎？父子像父子，才會君臣像君臣，儘管佔便宜的還是君父。

甚麼叫“天下為家，家國一體”？這就是。

天字一號樂團

現在，我們更清楚南蒯為甚麼不招人待見了。

道理其實很簡單：國倫理在家倫理，從小就能看到大。比方說一個人虐待父母，卻宣稱忠於祖國，靠得住嗎？同樣，南蒯背叛家君，卻宣稱忠於國君，誰相信呢？更何況，他只是季孫大夫之臣，大夫才是國君之臣。魯國國君的事，是他該管的嗎？如此僭越，難道也叫“效忠”？對不起，這叫“上訪”！

南蒯不明白的，魏絳明白。

魏絳是春秋時期晉悼公的大夫。因為功勳卓著，悼公要將鄭國奉獻的“樂”分一半給他，魏絳表示不敢當。魏絳說：樂舞是用來鞏固美德的，因此可以鎮撫邦國，同享福祿，懷柔吸引遠方之人。這才叫“樂”。

奇怪！樂，為甚麼能“殿邦國，同福祿，來遠人”呢？

因為樂是藝術化的禮，禮是倫理化的樂。

是這樣嗎？是。周人的樂，甚至古人的樂，並不只是音樂。準確地說，是詩歌、音樂和舞蹈的“三位一體”，叫“樂舞”。所以晉悼公打算賜給魏絳的“樂”，就包括一組編鐘，還有一支八人組成的歌舞隊。

但，樂舞叫做樂，是因為以音樂為靈魂。音樂最重要的是甚麼？節奏和韻律。倫理最重要的是甚麼？秩序與和諧。秩序，就是禮的節奏；和諧，就是禮的韻律。因此，禮治社會，就應該像音樂作品；社會成員，則應該像樂音。樂音有音高、音長、音強、音色的不同。社會成員一樣，也得有差異。有差異，才多樣。多樣統一，才和諧。

禮，就是界定差異的。

問題是：怎麼界定？

說複雜也複雜，說簡單也簡單，無非“別內外，定親疏，序長幼，明貴賤。”區分華夏與蠻夷，是“內外有別”；區分血親與姻親，是“親疏有差”；區分老者與少者，是“長幼有序”；區分嫡子與庶子，是“貴賤有等”。它甚至表現為一系列的“制度”。比如平民不能戴帽子，只能紮頭巾，叫“幘”（讀如則）。貴族當中，士又只有冠，沒有冕。冠冕堂皇的，是天子、諸侯、大夫。

顯然，這裏最重要的是貴賤，貴賤是“音高”。其次是親疏，親疏是“音長”。再次是長幼，長幼是“音強”。至於內外，或許可以看作“音色”，華夏民族是“黃鐘之鳴”，蠻夷戎狄是“瓦釜之音”。如果“黃鐘毀棄，瓦釜雷鳴”，那就不是“亡國”，而是“亡天下”了。

不過在周人看來，他們的天下不會亡，因為像音樂。天子和諸侯是“高音”，大夫和士是“中音”，平民和奴隸是“低音”。也像音樂團體，民族和國族是樂團，氏族和宗族是樂隊，天子、諸侯、大夫、士是指揮。

這可是天字第一號的樂團，演奏的是最恢宏的交響樂，最悅耳的奏鳴曲。主題，據説叫“和”。

是的。禮辨異，樂統同。禮，就是讓人遵守秩序的。樂，則是讓人體驗和諧的。

所以貴族要“鐘鳴鼎食”，還要佩玉。玉是“君子之器”。它高貴、典雅、溫潤，不張揚，文質彬彬。何況玉器佩帶在身上，是要發出聲響的。這就會提醒主人舉手投足要合乎禮儀，要有節奏。有節奏就有節制，也就氣度不凡。

學習音樂，觀賞樂舞，更是貴族必修的功課。如果有條件，還應該向全民推廣。孔子的學生言偃（子游）主持武城縣工作時，便處處都是弦歌之聲。周人認為，廟堂有音樂，則君臣“和敬”；鄉里有音樂，則宗族“和順”；家中有音樂，則父子“和親”。[5] 難怪孔子上課時，會有學生鼓瑟。

這就是“禮樂教化”。但，這跟“以德治國”又有甚麼關係呢？

不妨“實地考察”一番。

權利與義務

先看“鄉飲酒禮”。

所謂“鄉飲酒禮”，原本是酒宴形式的“政治協商會議”。應邀參加的基本上都是“老同志”，討論的也是軍國大事，比如“定兵謀”。所以，它很可能是部落時代軍事民主的遺風，相當於古希臘和古羅馬的“元老院”，只是沒有表決權。但到後來，就連諮詢的意思也沒有了，只是定期不定期地請社會賢達們來吃飯喝酒看表演，變成了“政協委員”的俱樂部。

那麼，這個“禮”，怎麼會從西周一直延續到清代道光年間呢？[6]

因為有意義。

意義就在“尊長、養老、敬賢”。按照規定，參加鄉飲酒禮的各界人士，六十歲以上的坐，五十歲以下的立。享用的菜餚也不等，年紀越大越多。這就等於向全社會宣示，對長者要尊，對老者要養，對賢者要敬。所以，酒會上要“序齒”（以年齡大小為序），還要“奏樂”，比如“我有嘉賓”的《詩・小雅・鹿鳴》。

實際上周人之德，無非“尊尊”和“親親”。尊尊，就是尊敬該尊敬的；親親，就是親愛該親愛的。人與人如果互敬互愛，社會就和諧太平。因此，儘管後來的鄉飲酒禮並沒有實質性內容，也要堅持，因為這本身就是德。

顯然，有禮必有德，有德必有禮。相反，失禮則缺德，非禮則無德。德是目的，禮是手段；德是內心修養，禮是行為規範。因此，也表現為權利和義務。

比如“冠禮”。

冠禮又叫“婚冠禮”，其實就是貴族子女的“成年禮”。按照西周制度，孩子出生百日，要由父親“命名”，表示他正式獲得生命，成為家庭成員。如果是男孩，六歲開始在家學習，是“家學”。十歲進寄宿學校，是“小學”。十五歲入“辟雍”，這就是“大學”。二十歲大學畢業，就要舉行婚冠禮，正式成人。

婚冠禮是無論男女都要舉行的，只不過女十五，男二十。這時要做兩件事，第一是把頭髮盤在頭頂，叫“束髮”。然後女插簪子，叫“笄”（讀如基）；男戴帽子，叫“冠”。第二是請嘉賓為他們起一個“字”。名是卑稱，字是尊稱。前者用來稱呼晚輩、學生、子女和自己，後者用來稱呼同輩和同輩以上的他人。有了字，就可以進行社交，當然意味着成人。

有字以後，男孩子就可以叫做“士”，也叫“丈夫”，即“成年男子”。

男大當婚，女大當嫁，所以冠禮同時也是“定婚禮”。由於男女雙方的婚配都與“束髮”同時，因此叫“結髮夫妻”。如果女孩子還沒有合適對象，則暫不定婚，也不起“字”，叫“待字閨中”。

但意義重大的是“加冠”。

加冠一共三次。第一次加“緇冠”（緇讀如資），這是用來參加政治活動的。第二次加“皮弁”（弁讀如變），這是獵裝和軍裝，所以同時還要佩劍。第三次加“爵弁”（爵讀如雀），這是用來參加祭祀活動的，又叫“宗廟之冠”。

一加緇冠，有參政權；二加皮弁，有從軍權；三加爵弁，有祭祀權。有權利就有義務，何況“國之大事，唯祀與戎”。因此三次加冠後，初冠的青年還要拜見國君和元老，主持儀式的嘉賓也要發表訓詞。這是最重要的一堂德育課。

顯然，束髮和加冠，就相當於猶太人的“割禮”，都意味着社會的規範和約束。而且，這兩種禮儀，也都是以一種讓人終身難忘的方式，告訴孩子們甚麼是真正的人，怎樣才能成為真正的人。

與此同時，我們民族也“成年”了。那麼，我們可以青春煥發嗎？

當然可以。

中國情人節

接受了笄禮和冠禮的姑娘和小伙子，有權利參加一個盛大的節日。時間是在“仲春之月”，日子是“三月三”，名字叫“上巳節”。按照周禮的規定，這一天所有成年男女都可以到荒郊野外，享受最充分的性愛自由。

這是中國的“情人節”。

實際上這樣的節日，世界各民族都有。古羅馬的叫“沙特恩節”，時間在冬至。殷商也有，時間在玄鳥（燕子）歸來時。周人，不過繼承了傳統。

那真是一個人民大眾開心的日子。桃花三月，春水碧綠，鮮花盛開。春心盪漾的少男少女們手裏拿着蘭草，從四面八方趕到河邊，舉行愛的狂歡。如果遇到意中人，女孩子還會主動搭訕。《詩・鄭風・溱洧（讀如真委）》這樣描述——

溱水和洧水，

春波浩蕩彌漫。

少女和少男，

手中拿着澤蘭。

女孩說：過去看看？

男孩說：剛剛看完。

女孩說：看了也可以再看嘛！那邊地方又大又好玩。

於是說說笑笑往前走。

還相互贈送了芍藥花。[7]

這可真是東周版的《花兒與少年》。

是的。小呀小哥哥呀，小呀小哥哥呀，小呀小哥哥呀手託着手兒來。

嘿嘿，還"贈之以芍藥"。

奇怪！周，不是"禮儀之邦"，講"父母之命，媒妁之言"，講"男女授受不親"嗎？也會有這等事？

當然有。

事實上從西周到漢唐，宗法禮教之外也尚有性愛自由，以至於被衛道士們罵作“髒唐爛漢”。甚麼“餓死事小，失節事大”，那是宋儒造的孽。其結果，是殷的豪放靈性沒了，周的天真爛漫沒了，春秋的高貴風雅沒了，戰國的血氣方剛沒了，漢的開拓和唐的開放也沒了。士人墮落為文人，而且“集體陽痿”，只知道在皇帝面前磕頭如搗蒜，然後回家打老婆。

這才真是“罪莫大焉”！

好在此刻還是周。後來孔子編輯整理《詩經》，也沒有刪除那些“淫詞豔曲”，我們這才得以一睹當年風采。

謝謝孔夫子！您老人家人性。

事實上，倫理道德歸根結底是為了人。這就必須尊重人性，尊重人的各種需求。但凡違背人性的，都只能是“偽善”，是“偽道德”。靠偽道德來維持的穩定，永遠都只能是表面的。這個道理，周公和孔子心裏都明白。他們不傻，也不變態。

因此，儘管周公“制禮作樂”，孔子“克己復禮”，目的都是為了維護姬周政權，維持封建秩序；但他們至少清楚，心理維穩才是最好的維穩。這就要“倫理治國”，包括德治和禮治；也要“禮樂教化”，包括禮教和樂教。禮和樂，是落實以德治國的“兩個基本點”。

不過既然是“心理維穩”，那就要“深入人心”。因此既得“紮籬笆”，又要“開口子”，兼顧社會規範和個人自由，正如封建制得“兼顧君權與民權”。這就像猶太人的割禮，只會割掉少許包皮，不會連根切斷。沒錯，切得跟宦官似的倒是徹底安生了，但那樣的穩定有意義嗎？

治國需要智慧，更需要人性。

現在，華夏民族已經完成了自己的“成年禮”，也擁有了自己的“情人節”，可以盤點一下是非得失，弄清楚文化系統了。

穩定壓倒一切。

維繫群體，靠的是宗法制度、禮樂教化和血緣關係。

所謂周禮，不僅是敬神祭祖，更在於身份認同。

第六章

根本所在

黑名單

周人創造出井田制、封建制、宗法制和禮樂制的時候，世界上許多民族還迷迷瞪瞪。南亞，達羅毗荼人創造的哈巴拉文明已與世長辭，還留下了幾百年的空白。未來文明的主角雅利安人，正摸着石頭渡過印度河。西亞，巴比倫國內亂作一團，猶太人則剛剛建立他們的希伯來王國。南歐，希臘人打完了特洛伊戰爭，卻仍然停留在"堯舜時代"。大洋彼岸的中美洲，奧爾梅克文明就像他們的巨石人像，只有腦袋沒有身子。至於現在屬於歐盟的大多數地方，要麼荒無人煙，要麼住着野蠻人。北美和大洋洲，則基本上是不毛之地。

可以比較的，是埃及和亞述。

埃及一統天下最早，比西周建立國家聯盟早了兩千年，比秦漢建立集權帝國則早了兩千八百多年。公元前3100年，納爾邁（美尼斯）兼併上下埃及，建立了"第一王朝"。這跟周革殷命並不相同。周人是小魚吃了大魚，納爾邁則是把兩條魚併在了一起。但遇到的問題是一樣的：如何安定人心，鞏固政權。

納爾邁的辦法是兩次加冕。他原本是上埃及國王，頭戴白色王冠，以鷹為保護神，百合花為國徽。下埃及國王則頭戴紅色王冠，以蛇為保護神，蜜蜂為國徽。於是納爾邁便在上下埃及各加冕一次，然後在不同場合戴不同的王冠，表示他既是上埃及的君，也是下埃及的主。但保護神，則仍是神鷹荷魯斯。

這當然很聰明，但武王和周公更智慧。他們不但給自己加冕，也給各路諸侯加冕，還授予諸侯們分封大夫的加冕權。結果方方面面、上上下下，都彈冠相慶冠冕堂皇。相比之下，納爾邁只給自己加冕，就收買不了那麼多人心。

更何況，這種自己給自己加官進爵的事，誰不會做？最後，那王冠便戴到了利比亞人和埃塞俄比亞人的頭上。

再看亞述。

亞述也曾經是兩河流域的"天下之王"，這是一位古亞述國王的原話。[1] 這位國王在世時，我們這邊商湯滅了夏桀，埃及的中王國則被希克索斯人所滅。不過古亞述這"天下之王”並沒做多久，真正崛起的是古巴比倫。

但到我們的東周時期，亞述卻突然空前強大。他們先後征服了小亞細亞東部、敍利亞、腓尼基、以色列和巴比倫尼亞，後來又侵入阿拉伯半島，征服埃及，毀滅埃蘭，成為不可一世的帝國。這個帝國橫跨西亞和北非，將美索不達米亞和埃及這兩大古老文明，都置於自己的統治之下。

一個國家有如此眾多的民族，如此遼闊的領土，這在世界歷史上是第一次。

亞述面臨的挑戰，不亞於周。

然而他們的辦法卻似乎只有一個：殺人。亞述國王的殘暴令人髮指，屠城和虐俘的記錄則史不絕書。亞述銘文中居然充斥着這樣的句子：我像割草一樣割下他們的頭顱，我像踏板凳一樣踏在巴比倫王的脖子上，誰敢造反我就把他的皮剝下來鋪在死人堆上，我要用他們的屍體把城市的街道填平。他們甚至一把火燒毀了巴比倫城，還把灰燼作為紀念品帶回去供在神廟裏。[2]

結果是甚麼呢？是他們的文明連同他們的帝國一併滅亡，而且不再復活。

歷史的進程是殘酷的。上了“文明毀滅黑名單”的還有古埃及、巴比倫、哈巴拉、克里特、奧爾梅克、赫梯、波斯、瑪雅等等，不下二三十種。

延綿不絕的是中華文明，起死回生的則是希臘－羅馬文明。希臘城邦和羅馬帝國雖然不復存在，但“人亡政不息”，反倒波瀾壯闊地發展為西方文明。與此同時，伊斯蘭文明後發制人，勃然崛起，席捲全球。不難預測，未來世界將是西方文明、伊斯蘭文明和中華文明唱主角。

何以如此？

這是一個“斯芬克斯之謎”。

斯芬克斯之謎

斯芬克斯，是希臘人對獅身人面像的稱呼。不過，古希臘的斯芬克斯卻有兩隻翅膀。這就比古埃及那個長着石灰石腦袋的傢伙，顯得輕盈娟秀，也就能超越時空從雅典飛到費城。

◎那克索斯的斯芬克斯，公元前560年，大理石，高2.25米。

翅膀，是重要的。

是啊，沒有翅膀就不能飛。但怎樣飛翔，卻還要看是甚麼樣的翅膀。伊斯蘭文明此刻還沒有誕生，這裏只説希臘和中華。[3]

中華的翅膀，是憂患心理和樂觀態度。

的確，憂患是我們民族文化的底色。從《詩・小雅・小旻》的“戰戰兢兢，如臨深淵，如履薄冰”，到孟子的“生於憂患，死於安樂”，再到以《義勇軍進行曲》為國歌，憂患意識幾乎貫穿了整個中華史。

這是對的。歷史的經驗證明，任何一個政權，憂患則生，安樂則死。個人也一樣。所以，士大夫固然要“先天下之憂而憂”（范仲淹），詩人們也得“為賦新詞強説愁”（辛棄疾），因為“憂從中來，不可斷絕”（曹操）。甚至就連妓女丫環、販夫走卒，也懂得“天下興亡，匹夫有責”，從而“憂國憂民”。

但，我們民族又是樂觀的。我們相信“天遂人願”；相信“善惡有報”；相信“事在人為”；相信“事情再壞也壞不到哪裏去”。因此，我們“不改其樂”，哪怕“自得其樂”，也總歸“樂在其中”。

一憂一樂，就有禮有樂。禮就是“理”，講倫理，講秩序，體現憂患；樂就是“樂”，講快樂，講和諧，造就樂觀。禮和樂，也是兩隻翅膀。

希臘呢？

希臘的翅膀，是科學精神和藝術氣質。

正如羅馬人癡迷於法律，希臘人則陶醉於科學。希臘人的科學不是實用主義的，他們是"為思想而思想，為科學而科學"。所以，他們能把埃及人用於測量土地和修建金字塔的技術，變成幾何學；也能把巴比倫的占星術，變成天文學。有科學這隻翅膀，希臘文明就超越了他的埃及爸爸，美索不達米亞媽媽。

與此同時，希臘人又極具藝術氣質。正如馬克思所說，他們是"正常的兒童"，因此能"為藝術而藝術，為審美而審美"。這種純粹，使他們即便是在縱慾和淫樂，也毫無負罪感，更不會道貌岸然。只要幹得漂亮，不管是談天說地，還是尋歡作樂，都會得到喝彩。而且，喝彩的既包括朋友，也包括敵人。

由此可見，科學和藝術，在希臘人那裏是對立的，也是統一的。它們統一於單純，統一於天然，統一於率真。事實上，希臘藝術原本就是感性精神和理性精神的統一。它們在尼采那裏被叫做"酒神精神"（狄俄尼索斯精神）和"日神精神"（阿波羅精神），前者體現於音樂，後者體現於造型藝術，尤其是雕塑。

希臘精神是互補的。

同樣，憂患心理和樂觀態度，也是“互補結構”。憂患是底色，樂觀是表情，正如希臘藝術氣質的背後，其實是科學精神。它們對立統一，相輔相成，共同塑造着一個偉大民族的精神風貌。

也許這就是秘密所在 —— 那些毀滅了的文明，很可能都是一條腿在走路。

然而希臘與中華，卻又迥異其趣。

總體上説，希臘文明是外向和進取的，中華文明則是內向和求穩的。我們的憂患，其實是對亂的恐懼，對治的祈求。因此，儘管兩種文明都有翅膀，飛行方式卻截然不同。希臘人是“遠航”，我們是“盤旋”。因為遠航，他們“浴火重生”；因為盤旋，我們“超級穩定”。秦漢以後，甚至西周以後，無論怎樣治亂循環改朝換代，都萬變不離其宗。

這又是為甚麼？

文化內核

原因在“文化內核”。

甚麼是“文化”？文化就是“人類生存和發展的方式”。任何時代的任何民族都要生存，都要發展，這是相同的。但如何生存，如何發展，各自不同。不同在哪裏？在方式。比如有的靠遊牧；有的靠農耕；有的靠商貿；有的靠掠奪。海盜和山賊，也有“文化”的。

文化，就是方式。

但，任何一個文化成熟的民族，都會有一個“總方式”。正是這個“總方式”，決定了民族文化的具體方式，包括為甚麼西方人吃飯用刀叉，中國人用筷子；也包括為甚麼西方人喜歡十字架，中國人喜歡太極圖。

這個總方式，就叫“文化內核”。

那麼，它是甚麼？

西方是個體意識，中華是群體意識。

我們知道，人，是“個體的存在物”，也是“社會的存在物”。沒有個體，不可能構成社會；離開社會，個體又不能生存。因此，任何民族，任何時代，任何社會，都有一個群體與個體的關係問題，無一例外。

區別只在於，以誰為“本位”。

所謂“個體意識”，就是“以個人為本位”，叫“個人本位主義”，簡稱“個人主義”。個人主義不是自私自利，更不是損人利己。相反，徹底的個人主義者反倒可能“利他”。境界高一點的認為，利他能給自己帶來快樂，叫“助人為樂”。境界低一點則認為，通過利他來利己，比通過損人來利己，風險更小而效益更高，叫“人我兩利”。至少，真正的個人主義者不會損害他人。因為他很清楚，既然我的利益不想被損害，別人也會這樣想，那就“己所不欲，勿施於人”。

但無論哪種，有一點是相同的 —— 個體本位，個人優先。不是甚麼“大河不滿小河乾”，而是沒有涓涓細流，就沒有大江大海。

群體意識則相反。

所謂“群體意識”，就是“以群體為本位”，包括在思想觀念上，認為先有群體，後有個體；先有社會，後有個人。族群、社會和國家在個人之上，個人則是其中的一份子，一損俱損，一榮俱榮。因此，個人的價值，首先體現於他所屬的群體，比如家族和單位；個人的功過，也影響到甚至決定着群體的榮辱。一人得道，雞犬升天；一人獲罪，滿門抄斬，道理就在這裏。

問題是，文化內核不同，又怎麼樣呢？

翅膀便不同。

希臘人（或西方人）既然是"個人本位"的，組成社會就只能靠"非人的第三者"，比如"契約"。這就必須理性，而且得是"科學理性"。他必須像看待數學題一樣看待社會問題，像遵守運算法則一樣遵守社會規範。但同時，又必須有一個出口，以便在被規範和壓抑之餘，感性衝動也能得到宣洩和釋放。

這就有了藝術。藝術是狄俄尼索斯的世界。在那裏，他們不妨酩酊大醉，激情迸發，為所欲為。如此一番放縱之後，就可以心平氣和地回到阿波羅身邊，繼續理性靜觀和遵紀守法。狂歡節的意義，即在於此。

所以，希臘人有兩隻翅膀：科學與藝術；羅馬人也有兩隻翅膀：法律與宗教。它們都是"互補結構"，也都體現了"個體意識"。因為這兩隻翅膀就像十字架，以自我為中心向外伸展，又回到自己。實際上，當希臘人體現科學精神時，他們面對的是自然界；體現藝術氣質時，他們面對的是人自己。這就正如羅馬人面對法律，看見的是“物”；面對上帝，看見的是“心”。

群體與個體的矛盾，就這樣得到了化解，實現了平衡。

那麼，我們民族呢？

無神的世界

我們跟西方相反。

沒錯，華夏民族也有理性，但不是“科學理性”，而是“道德理性”或“倫理理性”。這種理性認為，人類天然地就是“群體的存在物”。群體是先於個體的，也是高於個體的。沒有群體，就沒有個體。個體存在的價值、意義和任務，就是在群體中找到自己的位置，並恪守本分，作出貢獻。因此，面對他人，要克制自己，叫“克己復禮”；面對自己，則要融入集體，叫“天倫之樂”。

很清楚，我們的憂與樂，都是群體和群體性的。是啊，想那天下原本屬於聖上，它的興亡干我等草民屁事？只因為家國一旦淪亡，我們就沒了“安身立命之本”，就會纍纍如喪家之犬，惶惶然不可終日，這才性命攸關。

實際上，事事關心也好，匹夫有責也罷，最擔憂的就是“群的解體”。因此中國人的憂患不是“憂天”，而是“上憂其君下憂其民”。同時也樂觀，相信“天不會塌下來”，也不能塌下來。天是“人之父母”，如果塌了，奈蒼生何？

老天有眼，當然是一種“自欺”，而且是“有意識的自欺”，卻又是“很必要的自欺”。無此自欺，內心就會崩潰。何況誰都清楚，那只是心理安慰和精神支持。天下的太平和社會的穩定，落到實處還得靠士農工商軍民人等，靠大家“心往一處想”。老天爺其實靠不住，宗教和神就更不靠譜。

必須“以人為本”。中華文明的第一種精神產生了。

這就是“人本精神”。

中華文明也有“人本精神”嗎？有，但與西方不同。西方在古希臘時就是“人本”，卻又在中世紀變成了“神本”，這才需要“文藝復興”。我們的人本精神則是相對於商的。商“神本”，周“人本”，如此而已。

但更重要的，是“人”不同。

西人是個體的、獨立的、自由的，華人則是群體的、家國的、倫理的。維繫群體，靠的是宗法制度、禮樂教化和血緣關係。我們相信，所有人都是“人生父母養”，所有人也都“未敢忘憂國”。因此，重莫大於孝，高莫大於忠，哀莫大於心死，亂莫大於犯上。任何時候，穩定都壓倒一切。

然而世界永遠在變化，唯一不變的就是"變"。這是《周易》説的，不能不認。何況長翅膀原本為了飛翔，豈能不動？要動，又要穩，就只能"盤旋"。要變，又不能亂，則只能變成"太極圖"。

太極圖是甚麼？陰陽二極的"內循環"，或者"窩裏鬥"。它們可以旋轉，可以消長，可以起伏，還可以互換，但不能出圈。至於那"二極"，可以是禮與樂、儒與道、官與民、出與入，等等等等。但總之，是人不是神。

也因此，要禮樂，不要宗教。

禮樂，是從巫術演變而來的。中華史第二卷説過，進入國家時代後，原始時代的巫術和圖騰都得變。巫術在印度變成了宗教，在希臘變成了科學，最後又都變成了哲學。圖騰在埃及變成了神，在羅馬變成了法，在中國則變成了祖宗，只不過經歷了夏商周三代，而且繞了一個彎。簡單地説，就是夏把圖騰變成了祖宗，商把祖宗變成了神，周又把神變成了聖。

神變成聖，宗教的發生就沒了可能。

是的，沒有可能。因為聖是人，不是神。聖人崇拜是"人的崇拜"，不是"神的崇拜"。何況之所以要聖，就因為不想要神。因此，我們不可能產生真正的宗教，哪怕人神共處，或者上帝的歸上帝，凱撒的歸凱撒。

中華文明，注定只能是“無神的世界”。

空頭支票你要不要

沒有宗教，就不會有信仰。

甚麼是信仰？嚴格地說，信仰是對超自然、超世俗之存在的堅定不移的相信，比如上帝、神，或唯一的主。這樣的存在不屬於自然界，不能靠科學實驗證明；也不屬於人類社會，不能靠日常經驗證明。沒辦法，只能“信仰”。

難怪德爾圖良（Tertullian）大主教說：正因為荒謬，我才信仰。[4]

這樣的對象，華夏歷來沒有。我們之所有，或者是自然的，如荀子的天；或者是世俗的，如墨子的義；或者既是自然的，又是世俗的，如孔子的命。死生有命，是自然的；富貴在天，是世俗的。就連老子的道，也一樣。

至於殷商的上帝，則是他們的祖宗帝嚳，也不是宗教意義上的神。

當然，民間並不是甚麼都不信。比方説，信神，信鬼，信風水，卻其實“信而不仰”。和尚、道士、風水師，都可以花錢僱。至於燒香拜佛，則不過例行公事，又變成“仰而不信”。你要讓他真信，必須“顯靈”。所謂“信則靈”，説穿了是“不靈就不信”，或者“靈了我才信”。信不信的標準，是管不管用。

由是之故，我們民族的“信”，沒有定準。祖宗、菩薩、狐仙、關老爺、玉皇大帝、太上老君，都可以是崇拜對象。某些農村的神龕裏，還有“老一輩無產階級革命家”。國人對他們，一視同仁地給予禮遇。只要這些神靈能給自己帶來實際上的好處，我們是不忌諱改換門庭的。

這是典型的實用主義和經驗主義。它的背後，是中華文明的第二種精神。

這就是“現實精神”。

所謂“現實精神”，也就是不承認“彼岸世界”。既沒有宗教的彼岸，也沒有哲學的彼岸，甚至沒有科學的彼岸。杞人憂天一直傳為笑柄，清談則被認為會誤國。總之，所有一切抽象的、玄遠的、非世俗的、不能兑現的，都不在視線範圍之內。甚麼天堂，甚麼來世，甚麼末日審判，甚麼極樂世界，這些空頭支票才沒人當真感興趣，只能哄騙愚夫愚婦。我們感興趣的，是君臣父子，三綱五常，哥們義氣，天地良心。這些都不是信仰，但是管用。

我們真想要的，是世俗的生活。

是啊，男耕女織，四世同堂，父慈子孝，共用天倫，才最是其樂融融。就連桃花源中人，過的也是這種日子；就連《天仙配》裏的七仙女，嚮往的也是這種生活，更不用說芸芸眾生了。他們主張的是"心動不如行動"，是"說得到做得到"，甚至是"今朝有酒今朝醉"，或者"好死不如賴活着"。

這也是一種"樂觀"。

或者說，也是一種"藝術"。

於是有了中華文明的第三種精神，這就是"藝術精神"。

藝術精神不是藝術氣質。希臘民族的藝術氣質是與生俱來的，是他們童年性情的率真表現，所以才那樣爛漫天真。我們民族的藝術精神，卻是"維穩"的手段和結果，是一種陶冶和教化。後世儒家甚至編造出謊言，說帝舜命令后夔掌管文學藝術，以此培養貴族子弟的健全人格。后夔則保證，只要他奏樂，就連野獸和野蠻人都會跳起舞來。[5]

顯然，這樣的藝術，不可能是"純藝術"，只能是"泛藝術"。因此在我們民族這裏，幾乎任何事情都能變成藝術，比如領導藝術、管理藝術、教育藝術。它的境界是達成和諧，底線是糊住面子。有這樣一層脈脈溫情的面紗遮掩，哪怕爾虞我詐、勾心鬥角、明槍暗箭、專制獨裁，都不至於太難看。

至於小民，則可以苦中取樂忙裏偷閒，舒展眉頭把日子過下去。

奇怪！我們民族不要宗教的"空頭支票"，卻陶醉於藝術的"自我安慰"，並持之以恆地樂此不疲，又是為甚麼？

也許還得問周公。

大盤點

據說，周公攝政一共七年。頭三年平息叛亂，第四年封建諸侯，第五年營建成周，第六年制禮作樂，第七年還政成王。禮樂制度，是他最後的作品。

可惜沒人知道周公怎麼想，何況奠基中華的也不止他一個人。

但做一個盤點，是可以的。

線索也很清晰。

首先是憂患，憂患"天命無常"而"不易為王"，這才有了"君權天授"。[6] 然而就連周人自己也認為，他們的領導權和代表權，名為"天授"，實為"民授"，因為"天視自我民視，天聽自我民聽"。這就必須"以人為本"，也就有了"人本精神”。而且，這種精神還可以也應該這樣表述——

天人合一歸於人。

當然，得補充一句：是群體的、家國的、倫理的人。

群體至上，就只能“以德治國”。何況華夏國家的建立，並沒有經過“炸毀氏族組織”的革命，反倒直接從氏族和部落過渡而來。夏商周，都如此。周人建立的國家聯盟，更是“家國一體”的“家天下”。基礎，是井田制的小農經濟；紐帶，是宗法制的血緣關係。對於這樣的群體，德與禮，顯然比法律更合適，也更管用。

德治的結果是人治，以德治國也必然變成聖人治國。這倒是相當契合人本精神。於是有了“一個中心”，這就是德治；也有了“兩個基本點”，這就是禮和樂。禮樂是“行得通的力量”，聖人是“看得見的榜樣”。以聖人代神祇，以禮樂代宗教，勢必將人們的目光引向世俗社會，引向一個個可以落到實處的道德規範。忠不忠，看行動。“現實精神”產生了，它可以也應該這樣表述——

知行合一踐於行。

同樣也得補充一句：是群體的、家國的、倫理的行。

這樣一來，也就不難理解“藝術精神”。實際上，藝術就是“以最獨特的形式，傳達最共同的情感”。形式獨特，就引人入勝；情感共同，就引起共鳴。共鳴，就心心相印；

就息息相通；就團結友愛；就同心同德。總之，藝術的功能之一就是“群”。以喜聞樂見的形式實現“群體意識”，則是中國藝術的特徵。

因此，我們民族的“藝術精神”可以也應該這樣表述——

禮樂合一成於樂。

毫無疑問，這裏説的“樂”，是音樂（藝術），也是快樂（審美）。但無論藝術還是審美，也無論其風格是溫柔敦厚、汪洋恣肆、恬淡虛靜還是瀟灑飄逸，都是群體的、家國的、倫理的，也是和諧的。即便有戲劇衝突，亦無非忠與孝、仁與義、人情與王法的矛盾；而冤案則總能平反，結局肯定大團圓。因為我們不但要憂國憂民，還要自得其樂。

憂是出發點，樂是終點站，群體意識則是一以貫之的文化內核。

這就是周人的遺產，是他們文化創新和制度創新的產物：一個內核（群體意識），兩隻翅膀（憂患、樂觀），三大精神（人本、現實、藝術），四種制度（井田、封建、宗法、禮樂），堪稱體大思精、盡善盡美。

實際上，從“君權天授”，到“以人為本”，到“以德治國”；到“以禮維持秩序，以樂保證和諧”，周人創造的原本就是一個完整、自洽、互補、穩定的系統，涵蓋了經濟、政治、社會、文化諸多方面。中華文明超級穩定毫不奇怪，展翅盤旋就更是當然。後來即便外族入侵，也只是大水沖了龍王廟。

周人，也許真是皇天上帝的“嫡長子”。

嫡長子是有特權的。在此後將近五六百年的大好時光裏，周的君子和淑女們青春年少，心智洞開，演繹出無法複製的倜儻風流。

那才真是“中華範兒”。

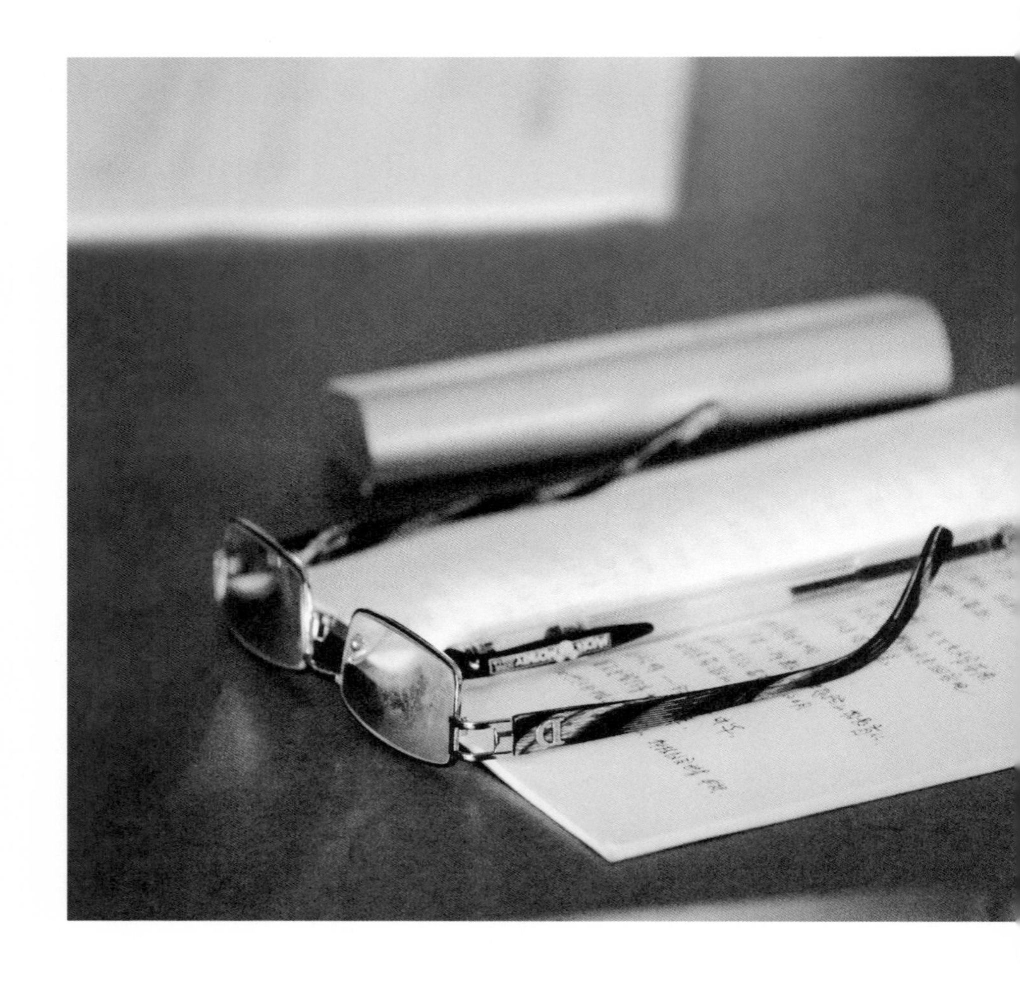

後記

時間開始了

觀念

對於人類來説，有三個問題是普遍而永恆的：是甚麼、為甚麼、怎麼辦。自然科學、社會科學和人文學科，其實都在各自領域試圖回答它們，只不過並非所有人都能夠回答，或願意回答。

比如歷史學。

在人文學科（文史哲）當中，歷史學，尤其是考古學，可能最接近於自然科學。所以，學歷史的，尤其是學古代史和世界史的，要比像我這樣學文學的靠譜，也比一般學哲學的靠譜。沒有證據的話，他們不會説。以論帶史，更是史家大忌。先入為主，主觀臆斷，結論在前，在史學界都是違反職業道德的。

由此造成的結果，是歷史學家一般更願意描述"是甚麼”，不願意回答“為甚麼”，哪怕僅僅是為了避嫌。

這很讓人尊敬，但也遺憾。

沒錯，在尚未掌握大量證據，甚至在尚未接觸史料之前，就先驗地設定一個框架，然後按照某種所謂“範式”去進行撰述，是危險的。歷史不是布料，可以隨便裁剪。但，歷史學也不能是“布店”，或“中藥舖”。沒有人能把整匹布披在身上。把“藥材”按照一定的順序放進一個個小抽屜裏，標明黃芪、黨參、當歸、白朮等等，則充其量只是“數據庫”，不是“歷史學”。

因此，反對“以論帶史”，不能因噎廢食到不要史觀。事實上，一個偉大民族的文明史，也一定同時是她的觀念史。正是觀念，或者說，價值取向，決定了這個民族的文明道路。觀念的更新或堅守，則構成歷史的環節。這些環節就像古埃及的“諾姆”（部落和部落國家），被尼羅河聯成一串珠鏈。

觀念，就是尼羅河。從發源地到入海口，構成價值觀發展演變的河牀，則是邏輯。

與邏輯相一致的歷史，是“真歷史”。按照真實邏輯來闡述真實歷史，就叫“思辨說史”。這樣一種撰述，哪怕文字的表述再文學，骨子裏也是哲學的。顯然，這需要史觀，需要史識，需要史膽，甚至需要直覺和靈感。

也許，還需要天賦。

當然，也需要啟迪。

啟迪

啟迪來自方方面面。

與專業的歷史學家不同，我更喜歡琢磨“為甚麼”。除了天性以外，也多少受好朋友鄧曉芒的影響。曉芒是超一流的哲學家。1980 年代初，我和他一起做中西美學比較，便討論過中西文化的本質區別。也就在那時，曉芒提出中國文化的內核是“群體意識”，西方文化的內核是“個體意識”，兩種文明也各有兩隻翅膀，即文化心理的“互補結構”。內核的說法是鄧曉芒的創新，互補結構則受到徐復觀、李澤厚和高爾泰等先生的啟發，思想源頭更要追溯到尼采。

這些觀點，後來寫進了我們合著的《黃與藍的交響》一書，[1]現在則成為本卷的思想基石。

不過這決非“概念先行”。相反，這些結論本身就是研究的結果。而且，以後我的一系列研究成果，比如 1995 年出版的《閒話中國人》等等，則一再證明它們是成立的。至少，邏輯自洽。

在此基礎上，我在 1990 年代初又發現了中華文明的三大精神。這是受到湯一介先生的影響。湯先生認為中國文化的精神是天人合一、知行合一和情景合一。但我認為，“禮樂合一”比“情景合一”更合適。而且，準確的說法，應該是“天人合一歸於人，知行合一踐於行，禮樂合一成於樂。”這樣說，才能完整地表述我們民族的人本精神、現實精神和藝術精神。[2]

一個內核（群體意識），兩隻翅膀（憂患心理和樂觀態度），三大精神（人本精神、現實精神、藝術精神），體系構建起來了。

這是一個“文化系統”。

系統是一定有邏輯起點的。而且，系統的建立雖然是一個漸進的過程，但其中肯定會有一個決定性的時刻。那麼，這個時刻可能在何時，可以稱之為“奠基者”的又是誰呢？

直覺告訴我，是周人。

直覺

把周公或周人看作中華文明的“耶穌基督”或“穆罕默德”，不算創見。學界的主流意見，也大體如此。[3] 問題在於，為甚麼不是夏，不是商，而是周？

也許，因為周原在“兩河之間”。

這是寫第二卷時發現的。在巡航高度可以清楚地看到，除埃及文明只有一條母親河外，西亞、印度和華夏，都誕生在兩河流域。西亞是幼發拉底河與底格里斯河，印度是印度河與恆河，西周文明則發源於涇水和渭水之間。以後發展為中華文明，又在長江與黃河之間，還是“美索不達米亞”。

兩河之間的沖積平原，是農業民族的福地。然而埃及文明衰亡了，西亞文明隕落了，印度多元多變多種族，很難説有統一的“印度文明”。只有中華文明三千年延續至今，雖不免老態龍鍾麻煩不少，卻仍然具有頑強的生命力。

直覺告訴我，這裏面必有文章。

文章就在制度。

與埃及、西亞和印度不同，周人創立了當時世界上最先進、最優秀也最健全的制度——井田、封建、宗法、禮樂。井田是經濟制度，封建是政治制度，宗法是社會制度，禮樂是文化制度。更重要的是，這些制度環環相扣，配套互補，符合“中國國情”。因此，是穩定的。

這是一個系統工程。

制度工程的背後，是觀念體系。從“君權天授”，到“以人為本”，到“以德治國”，再到“以禮維持秩序，以樂保證和諧”，本身就是一個完整和自洽的系統。周人，確實是“早熟的兒童”；周公，確實是“文化的始祖”。

但，這樣說，要有證據。

證據

就說“以德治國”。

周人重德，有大量的文獻可以證明。[4] 問題是，單靠文獻，不足為憑。比如按照《尚書》的說法，商王盤庚也是講“德”的。[5] 那麼，“以德治國”是周人獨有的觀念；或者說，真是從西周開始的嗎？

這可得拿出鐵證來。

辦法是先查殷商時期的甲骨文和金文中，有沒有“德”字。如果有，再看其含義是不是“道德的德”。

結論很快就有了。甲骨文有“德”，但詞義是“得到”，也表示“失去”。《古文字詁林》中，沒有殷商時期金文的“德”。金文的第一個“德”字，見於“何尊”。何尊是西周青銅器，而且是成王時期的作品，記載了周公營建“成周”（洛陽）的史實，叫“宅茲中國”。這也是“中國”一詞的最早文字記載。

金文的“德”與“中國”同時出現，豈非“天意”？

實話説，當我一眼發現這秘密時，真是按捺不住心中的狂喜。但我不敢造次，立即聯繫上海博物館青銅器研究部的胡嘉麟老師，請他幫我“排雷”。

我問：殷商青銅器上有“德”字嗎？

胡老師説，應該沒有。

我又問：何尊上的“德”，是目前發現最早的的金文“德”字嗎？

胡老師説，目前是。

我再問：這個“德”，是“道德的德”嗎？

胡老師説“是”，因為原文是“恭德裕天”。他還特地提醒我：並非所有金文的“德”，都是“道德的德”。比如“德鼎”和“德方鼎”的“德”，就是人名。

我眼睛一亮：靈感來了！

靈感

靈感來自字形之別。

金文的“德”與甲骨文的“德”，有一個明顯的區別，就是甲骨文由“彳”和“目”組成，金文則多出一個“心”。《古文字詁林》收入“德”字甲骨文共二十個，都沒有“心”。金文中，不表示“道德”（比如用作人名）的，也沒有“心”。字形，與甲骨文更是如出一轍。

這就說明，道德之德，即“有心之得”。而且，把“眼中所見”（得到）變成“心中所得”（道德）的，正是周人。事實上，何尊所謂“恭德裕天”，就是“以德配天”思想的體現。這種思想大量見於文獻記載，現在又有青銅器為證。“以德治國”為周人所獨有獨創，已是鐵證如山。

不，銅證如山。

後面的推理也瓜熟蒂落，水到渠成。道德的德，既然是跟“天”，跟“中國”聯繫在一起的，則“受天命而居中國，居中國者治天下”，豈非就是周人的政治理念？後來，歷代皇帝都自稱“奉天承運”，北京天壇的占地面積遠大於紫禁城，[6] 豈非正是周人思想的延續？

周，難道不是中華文明的奠基者？

當然是。

靈光現，百事通。其他，比如“商禮為儀，周禮為制”，又如“神授是宗教性的，天授是倫理性的”，以及“姬周株式會社”等等，已無須贅述。反正，中華文明的基石奠定了，時間也開始了。[7]

邏輯成立，證據確鑿，剩下的是細節。

細節

細節決定成敗。

發現細節，則需要直覺和靈感。

本卷提到的那個“愛國賊”南蒯，已經是能夠找到的最小的小人物了。作為季孫氏大夫的家臣，他根本就沒資格“樹碑立傳”。能留下姓名，算是萬幸。這個人，是我在讀楊寬先生《西周史》時發現的。可見只要有心，便總能在“宏大敍事”中發現“漏網之魚”。

關鍵，是要有這個意識。

第二卷《國家》裏古希臘那個“賣香腸的”，則是讀斯塔夫里阿諾斯《全球通史》時發現的。但該書只是把阿里斯托芬這部諷刺喜劇的片段，作為“鏈接”附在正文旁邊，我卻認為大有文章可做。通過吉爾伯特・默雷的《古希臘文學史》，我查到了《騎士》公演的時間是在公元前424年。於是很快就在《史記・趙世家》中找到了東周晉國的故事。那個莫名其妙被殺的倒霉鬼，雖然是“君之子”，卻名不見經傳，也是“小人物”呢！

然而一個“賣香腸的”，一個“掉腦袋的”，擱在一起好玩極了。希臘民主制和西周封建制的比較，更是意味深長。

實際上西周對於中華文明的意義，是相當於希臘之於西方文明的。只不過借用馬克思的說法，希臘人是“正常的兒童”，我們民族則是“早熟的兒童”。因此在各自的童年時代，當然會表現出不同的氣質。

這是下一卷要講的。

註 釋

總註

本卷涉及之西周史實，均請參看司馬遷《史記・周本紀》、范文瀾《中國通史》、翦伯贊《先秦史》、楊寬《西周史》、許倬雲《西周史》。

第一章

1、關於殷紂王之死，《史記》只說"登鹿台，衣其寶玉衣，赴火而死"，沒說火是誰放的。《史記正義》引《周書》稱："紂取天智玉琰五，環身以自焚。"

2、周武王來不及脫下戰袍就"格於廟"，見《逸周書・世俘解》。

3、周公姓姬名旦，也叫"文公"或"叔旦"。他是周文王的兒子，周武王的弟弟，周成王的叔叔。因為采邑（封地）在他們民族的發祥地"周"（今陝西省岐山縣），所以叫"周公"。由於武王在伐紂之後沒幾年就病故了，繼位的成王年幼，周公成為新政權最重要的領導人之一。至於周公是否"攝政稱王"，學界歷來爭議很大。有說他攝政稱王的，有說他只攝政不稱王的，還有說他既沒攝政也沒稱王的。但說他是主要領導人，應無問題。

4、周公創作的《文王》一詩，見《詩・大雅・文王》："侯服于周，天命靡常，殷士膚敏，祼將于京。厥作祼將，常服黼冔，王之藎臣，無念爾祖。無念爾祖，聿修厥德，永言配命，自求多福。殷之未喪師，克配上帝，宜鑒于殷，駿命不易。命之不易，無遏爾躬，宣昭義問，有虞殷自天。上天之載，無聲無臭，儀刑文王，萬邦作孚。"

5、公亶父，《史記》和許多歷史著作都稱為"古公亶父"，是不對的。《詩經》中"古公亶父"的"古"，是"昔"的意思，請參看楊寬《西周史》。

6、周原的野菜是甜的，見《詩・大雅・綿》："周原膴膴，堇荼如飴。"；貓頭鷹叫起來都像唱歌，見《詩・魯頌・泮水》："翩彼飛鴞，集于泮林。食我桑葚，懷我好音。"。

7、《詩・小雅・無羊》："誰謂爾無羊？三百維群。誰謂爾無牛？九十其犉。爾羊來思，其角濈濈。爾牛來思，其耳濕濕。"

8、《詩・大雅・公劉》的原文是："篤公劉，匪居匪康，迺埸迺疆，迺積迺倉。迺裹餱糧，于橐于囊，思輯用光。弓矢斯張，干戈戚揚，爰方啟行"。

9、考古學家已經發現，商周青銅禮器的差異就是"商重酒，周重食"。商人的禮器多為酒器，比如尊、罍（讀如雷）、卣（讀如有）、斝（讀如假）、爵；周則多為食器，比如鼎、簋（讀如鬼）、盨（讀如須）、鬲（讀如利）、豆。

10、"飛龍在天，利見大人"，《周易》乾卦第五爻（九五）的爻辭，可譯為：龍高飛於天，利於大德之人出來治世。

11、關於革命的合理性和政權的合法性問題，《詩・大雅》中的《文王》、《皇矣》、《蕩》，《尚書》中的《大誥》、《酒誥》、《召誥》、《君》等等，都在回答。

12、"皇天上帝，改厥元子"，見《尚書・召誥》；"文王在上，於昭于天"，見《詩經・大雅・文王》。

13、"射天"的儀式或遊戲，見《史記》之《殷本紀》和《宋世家》，並請參看許倬雲《西周史》。

14、王國維《殷周制度論》稱：殷周之變，乃是"舊制度廢而新制度興，舊文化廢而新文化興"。

第二章

1、司馬子魚反對人牲，見《左傳・僖公十九年》。

2、陳子亢反對人殉，見《禮記・檀弓下》。

3、孔子說"為俑者不仁"，見《禮記・檀弓下》；"始作俑者，其無後乎"，見《孟子・梁惠王上》。

4、周在克商之前“大國畏其力，小國懷其德”，見《左傳・襄公三十一年》。

5、張蔭麟先生甚至認為，武王伐紂取得成功，另有兩個原因。一是“紂克東夷而隕其身”，二是“昔周饑，克殷而年豐”，也就是武王利用了飢餓的力量，因掠奪糧食而發動戰爭。見《中國史綱》。

6、周公説“我道惟寧王德延”，見《尚書・君》。

7、衛和宋是殷和商的音變，見楊寬《西周史》。

8、《周書・康誥》：“孟侯，朕其弟，小子封。惟乃丕顯考文王，克明德慎罰；不敢侮鰥寡，庸庸，祗祗，威威，顯民，用肇造我區夏，越我一、二邦以修我西土。惟時怙冒，聞於上帝，帝休，天乃大命文王。殪戎殷，誕受厥命越厥邦民，惟時敘，乃寡兄勖。肆汝小子封在茲東土。”

9、“德”在卜辭中被借用來表示“失”，見《古文字詁林》第二冊 470 頁。

10、何尊，1965 年陝西寶雞賈村塬出土，現藏寶雞市博物館。

11、《詩・商頌・那》：“猗與那與，置我鞉鼓。奏鼓簡簡，衎我烈祖。湯孫奏假，綏我思成。鞉鼓淵淵，嘒嘒管聲。既和且平，依我磬聲。於赫湯孫，穆穆厥聲。庸鼓有斁，萬舞有奕。我有嘉客，亦不夷懌。自古在昔，先民有作。溫恭朝夕，執事有恪。顧予烝嘗，湯孫之將。”

第三章

1、東征將士的回憶，見《詩・豳風・破斧》：“既破我斧，又缺我斨。周公東征，四國是皇。哀我人斯，亦孔之將。既破我斧，又缺我錡。周公東征，四國是吪。哀我人斯，亦孔之嘉。既破我斧，又缺我銶。周公東征，四國是遒。哀我人斯，亦孔之休。”。

2、《左傳・僖公二十四年》：“昔周公弔二叔之不成，故封建親戚以蕃屏周。”

3、比如姜太公的齊國，就長期有兩個姬姓的“上卿”，一個叫“國子”，一個叫“高子”，號稱“二守”。

4、實際上，國原本叫邦，比如“邦交”，比如“邦有道”或“邦無道”。後來，由於避漢高祖的諱，許多文獻中的“邦”都改成了“國”。因此，叫“邦”，叫“國”，叫“邦國”，都沒錯。

5、公侯伯子男五等爵制度，可能要到西周中後期才成熟。

6、王社、國社、侯社，見《禮記・祭法》。

第四章

1、妾為女奴，見《古文字詁林》第三冊 152 頁；女奴通稱為妾，見《左傳・僖公十七年》。

2、季孫氏的這個家臣叫南蒯，事見《左傳・昭公十二年》。

3、“封略之內，何非君土；食土之毛，何非君臣”，見《左傳・昭公七年》。

4、周天下破產的過程和結果，是本書第五卷要講的事。

第五章

1、事見《左傳・昭公十四年》。

2、詳見拙著《閒話中國人》。

3、關於這一點，李澤厚先生《美的歷程》有非常精彩的論述。

4、父母的年紀，必須掛在心上，還得“一則以喜，一則以懼”，見《論語・里仁》。

5、君臣“和敬”，宗族“和順”，父子“和親”，見《禮記・樂記》。

6、鄉飲酒禮在清道光二十三年因經費原因被廢。

7、溱，讀如真。溱水源出河南密縣。洧，讀如委。洧水即河南雙洎河。洎讀如既。《詩・鄭風・溱洧》：“溱與洧，方渙渙兮。士與女，方秉蕑兮。女曰‘觀乎？’士曰‘既且。’‘且往觀乎！洧之外，洵訏且樂。’維士與女，伊其相謔，贈之以芍藥。”

第六章

1、自稱“天下之王”的古亞述國王叫沙姆希・阿達德。

2、請參看張建、袁園《巴比倫文明》，北京出版社 2008 年版。

3、關於中華文明和希臘文明的兩隻翅膀，請參看鄧曉芒、易中天《黃與藍的交響》。

4、德爾圖良的話，見凱西爾《人論》。

5、帝舜和后夔的對話，見《尚書・舜典》。

6、“天命無常”原作“天命靡常”，見《詩・大雅・文王》；“不易為王”原作“不易維王”，見《詩・大雅・大明》。

後記

1、該書原名《走出美學的迷惘》，花山文藝出版社 1989 年版；後更名為《黃與藍的交響》，人民文學出版社 1999 年版，武漢大學出版社 2007 年版，第一作者鄧曉芒。

2、請參看拙撰《論中國文化的精神》，收入《中華文化研究》一書，廈門大學出版社 1994 年版。

3、王國維稱，中國政治與文化之變革，莫劇於殷周之際（《殷周制度論》）；楊向奎稱，沒有周公，就沒有禮樂文明和儒家思想，中華文明就會是另一種精神狀態（《宗周社會與禮樂文明》）；陳來稱，今天所謂“中國文化”，其基因和特點有許多都是在西周開始形成的，西周文化和周公思想型塑了中國文化的精神氣質（《古代宗教與倫理》）；啟良稱，周公是中華民族的“文化先祖”(《中國文明史》)。

4、周人重德，文獻中屢見不鮮，如《尚書》之《泰誓》、《康誥》、《酒誥》、《召誥》、《多士》、《君》、《立政》，頻繁出現“德”字，《詩經》和《左傳》也有類似觀念。

5、見《尚書・盤庚》。

6、明清時期的天壇，佔地面積東西長 1700 米，南北寬 1600 米，總面積 272 萬平方米。紫禁城南北長 961 米，東西寬 753 米，總面積 72 萬平方米。天壇佔地面積大約為紫禁城的四倍。但紫禁城的建築物比天壇多幾十倍。文獻記載中，長安天壇也是皇宮的四倍。

7、1949 年 10 月 2 日，胡風在《人民日報》發表長詩，題目就叫《時間開始了》。至於中華文明真正開始的時間，當在西周。之前，應看作序曲。